Elke Erb

Blacklist
im Verlag von
Urs Engeler

Sonanz
5-Minuten-Notate

Elke Erb

Vorbemerkung

Diese Texte sind die Ernte von 5-Minuten-Notaten, die – nach einigen Vorläufern vom Spätherbst 2002 an – im Sommer 2003 begonnen und bis Mitte Juli 2005 kohärent (mehr oder weniger täglich) fortgesetzt wurden, mit einigen Nachläufern bis in den Sommer 2006. In der Regel wußte ein neues Notat nichts von dem davor, es begann aus dem Nichts mit keiner Überschrift, nur dem Datum.
Der Weg aus den Notizbüchern in den Buch-Text (ab Juli 2005) war in jeder Phase überraschend und fesselnd. Unter den sich wiederholenden Motiven zeigten sich schon bei der Niederschrift irritierende Obsessionen. Im Moment ihres Eintritts in das Notat agierten sie autonom.
Der assoziative Ablauf beförderte eine unwillkürliche (oft leidige, weil erlittene, bevormundende) Lautleite von einem Wort zum andern. Oder sie ihn. Unerwartet aber produzierten sie von selbst ideelle, poetologische Reize …
Erst während der Bearbeitung erkannte ich nach und nach, daß diese halbautomatischen Wortfolgen sogar aktuelle, schlechthin existentielle ebenso wie auch theoretische, Themen / Aufgaben behandelten, und zwar an einem Tag um den andern, fortschreitend. Hell und schnell, im Vergleich etwa zur Traumarbeit, geführt von Reiz wie Lust.
Als freigegeben erwies sich auch, was aber voraussehbar gewesen wäre, daß Emotionen wie Angst und erotische Interessen ins Spiel traten. Den Unterschleif der letzteren hatte ich dann öfter aus dem Hinterhalt zu holen. Ohne den Vordergrund-Sinn zu behelligen!
Erst in der letzten Arbeitsphase, als ich noch einmal die handschriftlichen Notate durchzugehen begann, nahm

ich in vollem Umfang wahr, was geschehen war: Mit den ersten Lauten hatte sich, wie man bei einem Instrument vor dem Spiel prüfend einige Tasten anschlägt, mein subkutanes Lebewesen hervorlocken lassen und sich selbst angestimmt, sodaß es als leibliches Instrument fortan anwesend blieb!

Gleich darauf begriff ich, woher eine Reihe jener obsessiven Leitmotive kam, die mich verwundert hatten: die Ecke, die Kante, der Rand, die Vertikalen, Waagerechten, die Flächen ... Ein Lebewesen stimmt sich an und *orientiert sich* ...

Es orientiert sich elementar und rundum, nicht nur räumlich, auch an seinen allgemeinen Bedingungen – bis ins Vormenschliche, Tierliche, Pflanzliche, Erdzeitliche, und es blickt, wie es der Moment der Niederschrift wollte, in die Geschicke der Geschichte, in den sozialen Horizont der ländlichen Arbeit und Existenz, in die Belange der Zivilisation und des Verstands. Die Inschriften unter der Haut waren hervorgerufen worden und übernahmen das Spiel ... Ich sah den Poesien zu, die sie hervorbrachten, und dachte, *ich* hätte das schwerlich zuwege gebracht.

– Von selbst hätte ich mit dem Gesumm wohl auch nicht angefangen. Eines Tages im Herbst 2002 sagte Ulrike Draesner, sie schreibe jeden Tag fünf Minuten lang etwas nieder. Als ich meinte, ich könne das nicht, sagte sie: Wenn du nicht weiter weißt, schreibe einfach immer das letzte Wort, bis die Zeit um ist. Eben dies war (nicht die Ermunterung, sondern) der auslösende Reiz: das Nichts, das die Hemmung wegstrich.

Sonanz

Nobel

Perlen Stieben Brunnen-Stäube
ferne Nebel widrig lies sie

in der Klause die im Walde aber
einem Klosterbruder und auf Steinen
Bodo reiner Ziegen und alpiner

guter Bruder abends Sterne Milch
der Käser ungefaßt

und zugetan enthoben
(Fichten-Posamenten)

* * *

Brandmauer Haufenwolken Eklektizismus
Seine Wangen röteten sich

Abraham Salomon Abrakadabra
aber die Straßenbahn fuhr

noch drei Stationen und stand
an dem Umkehrbogen ohne Belang wo

der Hahnenfuß wächst Wisperndes
mir in den Ohrsinn

Grauer Himmel schlohweißes Haar

***

Regenbogen, nein Geigen wie gelogen
bezeugen Lilienblüte

an dem Weiher ersteigen
rasche Rohung

das reine Weiß im Auge des Feindes
du wirst sehn was dir blüht

Zaun kühn schwört Zaun
Karre Ofen zum Reigen

Zeitlos

Von kräftigem Blau, am Rand weiß
gesteppt oben, zwei Finger breit und lang,
aus einem Kleidungsstück.

Ich sehe die zurückweichend abweisende Geste
des Stoffs unter dem weißen Rand.

Je nachdem wie es kommt ist alles Seele.
Zwischen den Zeiten, November, die Zweige
verlieren ihr Laub oder behalten es noch.

Chronik I

Die kleine präzise Begeisterung, die von kleinstteiliger Präzision stiebende Begeisterung stob zum Feldrand, dann aber stob Gras, über Steine gewachsen, über Haufen der aus dem Acker zusammengelesenen, dem Waldrand unterworfenen Steine, keinem Fuß mehr Raum dort, keinem Gehen, und Gebüsch unwillig, das Gehen am Rande verwehrt, so der Morgen, das Flämmchen, Begeisterung, jäh ...

Chronik II

Gewisse Erwähnungen in einer Reisechronik führten zur Wiederbelebung vergangener Situationen des eigenen Lebens, zu ihrer beginnenden, ins Weitere sowohl wandernden als auch sich verlierenden Reihe, man war ja selbst in solchen Situationen gewesen, wie der Chronist in den seinen gewesen war, und sah sie da nicht von außen so, wie man die Reisesituationen der Chronik von außen sah und nicht meinen konnte, in ihnen zu sein.
Die eigenen Situationen oder Momente ließen sich erkennen an Gefäßen für Speisen, genauer, wiesen sich nachträglich aus mit Gefäßen für Speisen, welche ihrerseits eine ebensolche ins Gewesene sich verlierende imaginäre Reihe bildeten wie die Momente selbst, als es auffiel, daß das erste der Gefäße, das einzige deutlich sichtbare, lange nicht mehr gesehen worden war und vermutlich nicht mehr am Leben.

leicht obwohl Wolken *dräuend*
gehäuft, aus Pompösem

und lache der Acker & Simul-Acker
die Braue der Rain die Äuglein Maßlieben

Glaub nie oder dran Wolkenbank

Der reine Dunst die nassen Füße
in Schuhn einer andern

Geebnetes Wandern
Das Krähn-Mobilé

Kurzweil

Pavillons. Park-Pavillons. Räudige.
In Parks gehustete Park-Pavillons.
Daß dich die Pest.

Schädeldeckige
Park-Pavillons.

Harrender Farn.

Auffahrt, von unten, Auffahrt Zeit,
ja nicht Himmelfahrt. Krokusse?
Pavillon-Glocken:

Auf Dielen. Rund. Roh. Gestaute
Luft.

Harrender Farn.

Gemarterter
Stadtpark. Sandkasten Brückchen.

Keine lebende Seele. Kuckuck.

Geister

Scheunenecke, sanftes Unkraut, sanft wie das welke Blaß
des in der Scheune imaginierten Heus.
Zeit: etwa April.

Auch: Erbsenschoten hängen vor der pflückenden Hand.

Leichtfüßig in den Wald …

Geschoß der Kasten auch *Stockwerk*
gesetzt zwischen Busch und Busch
mit seinem waagerechten Willen,
mit seinem Eigensinn

die Kronen querend quer vor
dem dahinter ansteigenden Wiesengrün,
dem den Anstieg fortführenden Ockerfeld,
ins Bild springt

der Bau, ein Kasten schwarzgrau, – aus Eisenblech,
und nicht etwa Fachwerk, wie er zu sein vorgibt, –
hartsinniges schwarzgraues Eisenblech.
Von oben nichts mehr, das Hellblau.

Zubehör

Der Eichelhäher strich, Zaunkönig saß.
Bretter, ergraute. Hand anlegen. Zubehör.
Stand sich noch um den Verstand.

Die Schräge des Sägenden, Hobelnden.
Sägemehl. Sägebock. Fester Stand.
Der Blick, die Hand gespannt.

Overall over all gutmütiges Wams
& die Karriere von braunem zu weißem Haar
an den, von dem Mehl auch beflogenen, Schläfen.

* * *

Dasein ist
langen, hinlangen, sich strecken, ein Ende noch über
haben, statt zurückstecken …

Waagerecht, und in Wetter hinaus, die Vertikale
strecken & aus ihr nach allen Seiten hinaus
bis zur Spitze …

Wachsen. Das heißt Baum.
Beweglich im Wind, fest unten. Busch! Halm!

Puls

Sanft, sanft scheinend, ohne
Stillschweigend sanft scheinend ohne

Kamel Höcker Lefzen Augenboot,
über den Zaun herab.

Gefaßt ist der Ort, pulsiert.
Leuchtringe. Niemand entkommt.

Das hohe Rückgrat, herablassend
scheinbar nickende Höcker.

Die weite Sicht.
Kamelhaar über dem Schiffsbauch, Bauch.

Ich laufe weit ich laufe fern verliere
Substanz
                wie zurück
in ein Nie!

Den Augen allein ein Acker. Bläulich bewachsen.
Das Kraut heißt Verlust: Niemand: Niemand.

Nur Flächen. Ausgebleicht. Fahl.

Ehe ich ans Ende komme – irgendwo –
stumpf: hört es auf –
                                wie von Gummi geschleudert –
heim.

(Was denn sage ich daheim?!)

Ringschluß: das Gleiche: Gespenstisch.
Oder:

Ragt noch
                die Schwarze (die Regen-) Seite
                der Berg Czorneboh

und kommt hier
                        unten der Bach?

Innenschau

Außen am Zaun entlang, Maschendraht, was denn ist innen?
Den Kopf vorgeneigt, die Augen zwei leere Trichter, Tunnel
nach meinerseits innen.

Geschlossenen Augs, die Hände gestemmt in die Hüften,
was denn ist innen? – Offenbar steht etwas außen noch
vor den Beinen, Kraut dunkles, Brennesseln?

Innen am Zaun entlang schulterhoch schon die neuen
Heckenrosen. – Ausschließend umschlossen das Grundstück.
Firmamentschlüssig, demnach bei Licht.

Vorteilssuche

Vorm Landhaus. Vortreten, vor die Tür,
und schon Vorteil, schon selber, Selberteil,

Vordach, Vorhaus, für Schuhe abtreten,
für nicht mehr im Regen, im Vorteil, die Post
in den Kasten geben, dem Kasten entnehmen,
nicht mehr im strömenden Regen, Vorteil.

Klein, kläglich, weint, weint nicht,
Maßfalle, Maßklemme,

hohe flirrende Bäume, schmaler Tanz,
ich, sam, Same,

Mißmut, Same gleich Mißmut,
Mißmut im Korn, das nicht aufgeht

& Langweile Acker
Graus Wald Holzöde, lang-

gezogene Zellen, hohl, im Holunder-
Mark, weiß, löcherig, unfester Anblick.

Jung, elend: Nie.

Korn einer reichen Ernte.
Des Fußes Süße. Greifhand. Der Hirsch

an der Wand. Bachplätschern draußen,
Bachmunkeln unten und so fort.

Margret, die vor die Tür tritt

Blendendes. Beiwerk, Reflex.
Wie ein Zaun fällt, Schatten-Geflecht, umsonst.
Es hatte Margret verwundert.

Vertrauen umrundet.

Entgelten.

Seines Hauses walten.

Haar. Umgeben von Haar, von Haar umgeben.
Beten. Lang fallendes Engelshaar.

Pelz der Katze, der treuen Gesellin.
Zugelaufene Katze, dem Hause zu
brachte sie Kletten im Haar.

Zutat Aber
& Hader geladen.

Verstossen

Schweinemast und Elektromast –

eins, was ich immerhin sehe
im Himmel schalten und walten:
das Hascherl wird gar nichts erhalten.

Und sollte das Hab und Gut auch
beziehungslos veralten!

Eintracht

Die hölzernen Beine die Glieder Hölzer
einträchtig aneinandergeschlagen Schlegel
aneinander im Einklang leisten den Eid

die bereiten die Tasten gemeinsam
einander begleitend beeiden nichts anderes als
beider Leiber

im Gleichklang wie Scheite keine nein keine
Leiden bescheiden

Das Wort nicht haben

So alt wie Äcker so wieder & wieder
so ab und um und neu und dar

Den fruchtbaren Stand mit der Tracht nicht sagen
Den wuchernden Rand mit der Melde nicht melden

Die verkrustete Krume verwalten beladen
mit Graden

* * *

Der Stein zur Kante birst,
wie Sprünge, wie Blitze reißen.

Kanten sind Risse, gewandert.
Aber die Fläche, die Wand dann!

Schonung im Forst

Blaubeeren ich darf nicht
man tritt mir auf den Saum und lacht
weil ich nicht weiter kann

Laßt mich allein Kranz Kränze
Blut will Blut

Reißen Das Ab Ablaut der
Ablativ («Woher-Fall» Entfernung.
Trennung) …

Hinter dem Tuckern das Aggregat
Wipfel an Wipfel – Wirrnis
nicht Das hat

andere Gründe Nicht Wald Die
Füchse schnüren

Sieben gehen sieben,
Sieben rütteln und sieben,
worfeln und schieben Siebe und rütteln,
die Körner springen und schwingen,

rütteln die Schwinge, sieben
Gesichter, unter den Deckenbalken, erblickte,

Rütteln und Schütteln bis Mittag:
Wie nach dem Sieben geblieben.

* * *

Der Rechen, der Schraubstock, die Pumpe,
das Leitungs-System, die Erntecombine,
unsere kleine künftige Mähmaschine,

Drehorgel, Maultrommel, Aquarium, Kamm,
Bergrücken, Felsgrat, Ziege,

Hüfchen, tagein, tagaus, unter den Wolken,
Zunge, die faßt.

Und wieder Abend, Abbruch, Nacht,
der gefährliche schwebende Vogel,
ein anderes Leitungssystem.

* * *

an die wand im hemd
(bis die scheune steht seitlich zurück im licht)
gerückt

wie nach dem kuß vergessen
war abgelegt was wächst
der berg es gleiten läßt

am fensterriegel hängt der tabaksbeutel
viele leute schlafen ebenso

das morgengrau – genau und angewinkelt
unbewegt das knie

Aus der Sicht

Hinter das Brett geraten, zum Kehricht.
Sich zu Handfeger und Kehrschaufel bekehren.
Und wo war der Kartoffelsack?

Abkehr, Kehrseite freilich.
Sackzipfel rechts und links, oben geöffnet.
Kammer. Kartoffeln. Woher.

die schande schandenhalber steht und wartet.
kein ritter läßt sich sehn wie abgekartet.

pedantin! will man nimmer zu den wäldern starten:
in den garten eilen einfach, in den garten!

Selbst herrlich

Der Wind zieht lang, der Acker liegt blank,
an seiner Seite die Wiese. Unter dem Weg.

Es ist und ist, und es wird nicht erhöht,
weil sein Geschehen von Fernerem kommt
und sich weit hin zieht auch.

Das schließt man nicht, sieht man.
Das ist seins.

Du fällst heraus, Traum kaum,
dasselbe wie gestern, wie vorbedacht.

Kingshow

Geschorene Wiese, die flache
Ehre: eine Versammlung der Großen.

(Das gelbe Auto der Bäuerin fuhr
um den Sumpffleck, erinnere ich mich.

Die Hitze bleckt sometime too hot
the eye of heaven shines.)

Wie sie den Tag zu kennen zu scheinen taugen,
werde ich schwerlich, meinen sie vor meinen Augen.

Und: Doppelpunkt: die Augen taugen,
ich werde auch nicht meinen so wie diese scheinen.

Nach meinem Ermessen

keine Aussicht. Kegel, Kegel an sich, nicht für mich,
ohne mich; es kann ja auch nicht sein –
daß ich ihn etwa umrunde,

und ich hätte ihn umrundet?

Schon aus Taktgefühl kann es nicht sein.
Und nicht einmal Taktgefühl, das das Umrunden verhindert,
reicht aus, die Unmöglichkeit zu beschreiben, erörtern,
nicht einmal diese kann sein.

Kegel, Kegel an sich.

Ein bläulicher Mond taucht auf an der Seite,
noch ist es Nachmittag.

***

Eine Spannung Wort zieht Wort nach, mit sich, weiter,
Laut Laut und Sinn auch Sinn, so geht es hin

und läßt nicht los, ist so wie nicht ist, unablässig,
bis es endet, Stop, abläßt, und steht wie angewurzelt,

Pflock in den Boden, Salzsäule, schau, verlaß die Stadt,
zieh Ort zu Ort, zieh Leine, Seil, bis es sich kappt.

Ach

und abgereist und das Jäckchen das Päckchen
vergessen auf dem Stuhl liegenlassen und umgekehrt
von der Karriere zu der Barriere im Rücken die Adresse
vergessen die Straßenbahn entfernt die Straßen versenkt
die halbe Stadt abgetrennt die Sprache verschlagen im Walde
unzuträglichen Walde am heiteren Himmel unwiederbringlich
verirrt keine Blaubeeren je sondern Sturz des Bergs: Loch
und nimmer der Himmel nur irgendein Maulwurfsgang
und die eigenen Glieder sein Auswurf So Koje Koje

Anblick

Stroh-Diemen, Feldhoheit, geil-gelber Geruch.
Halmröhren, kubisch gepreßt,

Blick-Passion, ohne-Ziel-hier-Passion,
«schon-kennen»-Leiden, leer, adieu,

fürs Vieh, adieu, in den Ställen,
malmende Wiederkäuer, adieu,
Milch, Butter, Quark; der Käse

ist Dauer, Geduld
des Wanderers steiniger Pfade.

Felsschroffen, schwerere Vögel.
Hell. Bodo.

Glauben

Die Haut ist müde, die Luft wie Staub,
der Sommertag taub.

Außer dem Glauben geht alles zuende,
sagten die Bauherrn, Bauern,

und hätte ich nicht meinen Glauben:
die Haut ist müde, die Luft wie Staub.

Ein unerschöpflicher Schatz, Schatulle,
Gnadenborn.

Die goldene Energie nach der Mühe,
dem Klauben, Rauben …

Abtun. Niedrige Kante. Wegrain –
ein aus der Kreisform langgezogener Kranz.
Jetzt lagert sich das Feld.

Jetzt lagert das Feld, bereitetes Feld.
Acker ist Feld ohne Rahmen:

Acker ist Ackern,
Acker schlägt in den Himmel, schlägt auf,
breitet sich nicht, außer zum Nutzwuchs

& Abtun.

Pause

Ostern Knistern Geister Geschwister
gereimt daheim Das geht sich nicht aus
kein Härchen Sinn nichts reizt nicht einmal geizt

es – vor mir eine kleine Eiche
vom Frühjahr wohl fingerlang vier Blätter
und drei kleine sind im Sommer geworden

verwandelte Erde als Zutat das Auto
fährt in die Einfahrt dann geht es weiter
zu Hause

Das Heiligtum

Unsere Küster haben so kleine Käppis auf
und eilen aus dem Tempel unten rege heraus,
unter Soutanen, ich sehe die Saumkante tippeln

und die präzis nicht beschreiblichen Schöße
beschäftigt auf & schlicht wieder zuzuschlagen
rechts / links im Gleiten, ihr uneinholbares

Schwarz, im ihrer nicht achtenden Wandel verblaßt,
als sei auch geblichen die Symmetrie.

25.8., nachmittags

Im Walde welkts,
im feuchten Walde welkts,
im Regenspender-Walde welkts,
der feuchte Wald steht trocken,

und mein Salbei auf dem ältesten Stock
senkt die Blätter …

Es ist jetzt 4, nicht übermäßig heiß, was soll ich
sagen oder blasen, die Trompete an den Mund gesetzt,
so denkt man leere Trichter …

Springschwänze sind lebende Pünktchen, man sieht sie
springen, hebt man die Salbeiblätter hoch im Karton.

Insekten,
aber Glieder fehlen; sie haben ein stimmgabelförmiges
hochklappbares Gestell unten an sich
zum Sprung.

25.8., abends

Die welken Teile im Walde
scheinen zu mißbilligen,

sie sind besonders rundlich von hier gesehn
oder zausig; ich weiß,

daß ich weggehen werde.
Und hinwegkommen werde über das Weggehn.

Daran könnte ich vielleicht ermessen, was ich nicht weiß,
denke ich auf einmal, –

aber wie seltsam (?)
das Wort «ermessen» anhängt an einem Anfang!
In seinem Anfang spüre ich etwas hinausgehen über das,
was mich zuerst ankam …

Es stirbt ja nicht viel in deinem Blickfeld,
so ermißt du auch nicht oft,
daß etwas endet;

wenn du es einmal ermißt,
mißt du freilich von dir aus,
also vom Nullpunkt.

* * *

Kannte die Erdbeeren, wußte die Ranken
– über den lächelnden Erdkrüstchen etwa,

wußte die pfadplattgetretene Zwischenreihe,
60 x 60, sie breiten sich aus –

wie aufgeblickt habend, scheint es, werfen sie Ranken
wie in die eigene Zukunft – *Achtung:*

Erdbeeren haben eine Zukunft (! … :
& jedes nennbare & unnennbare Ding … !)

Drei Jahre leben läßt der Garten die Werferin,
weil sie sich dann, urteilt er, verausgabt hat.

Kannte die Erdbeeren, wußte die Ranken.
Morgens naß. Oder naß im Regen.

Übung

Windig.

Wie komme ich dazu, aus etwas
(etwas «Gegebenem», wie man sagt, immer noch)
Worte zu machen?

Windig. Und kühl.

Ob der Wind die Bäume trainiert?
Nein, bei ihnen ist alles fertig vorm Wind.
Es nehmen oft auch Personen kein Training auf,
weil sie meinen, in vielem zurecht, gefertigt zu sein.

Wo denkst du hin. Von dir nach San Francisco?
So wurde es denn. Wurde zu San Francisco.
Bitterlich. Schwer. Mit eisernen Bändern
beschlagene Karrenräder. Knarrend

vom Ostrand zum Westrand.
Aus leicht oder nicht leicht ersichtlichen Gründen
denke ich an die Landnahme der europäischen Auswanderer.
Als ob es sich hinter den Brauen bewölkt mir.

Du wiederholst Rhythmen, wie du dazu aufgelegt bist. Ständig ja auch spürbar deine eigene Gutheißungszugabe, Gutheißung, Willigkeit, Gutheißungswillkür. Rhythmen von Redewendungen, Versen, «Aussprüchen», … übersetzte Folgen nimmst du auf, wie du aufgelegt bist. Wiederholst sie.
Aber sie wollen obendrein noch irgendwohin, fortsetzen irgend durch dich.
Und du merkst: es bricht ab, merkst es beinah vorher bereits, und deshalb die Gutwilligkeit, etc., Willkür. Verlegenheit knäuelt sich dir vorn in den Schultergelenken.

* * *

Korn liegt aufgeschüttet auf dem Speicher,
Korn liegt graugelb,

ich sehe deutlich noch den dünnen Schüttrand,
davor ich stehe,

stehe drei Sekunden wohl, als Kind,
auf wessen Speicher? –

in dem Geruch von Korn und auch von Mäusen,
unverkennbar, der,

nach sechs Jahrzehnten wiederkehrend, mich
fragt, wo denn sein Ort ist.

Abschieds-Verse

leere schuhe leere scheune wolkenhimmel
abend an der wolga

*

grüne blätter gelbe blätter leide

*

wie einverstanden schlicht die fensterbank:
bereite breite

*

abmaß folge pack die sachen scheide

* * *

An der Post-Ecke ein Rede-Schauer.
Freilich!

Rabatten, nicht Heimweg noch Heim,
aber alles, wie es sich findet.

Kein Weg. Nur Bergrücken, Berggrat,
erfunden.

Und am Waldteich hinten der Jägerstuhl,
meinten die alten Frauen im Bus

hierher zur Kreisstadt
(Einkaufen, Arzt).

Post-Ecke Frost-Ecke, freilich!
Mauer und Wolkenbank.

5³⁰

Viele schlafen noch draußen hängt Nebel
ich konnte aufstehn die Glieder regen

die Arme die Beine schwenken
Zurecht ans Geregelte denken

Arme und Beine reimen
wie Beine selber auf Steine

Küneclich

von Kopf bis Fuß Leib
und Hände Kwinna
die Frau

Mondvogel
Mund

Gabe
und unter Schultern Hände

Nichts Arges nur Ablauf über die Hügel
die Hügeläcker nur Erdkrume noch

(Malmö)

Abends warte

(die Brille, die Sonne verwendet
um und um Blumen Freude, «wie
früher», «immer», nicht «Not»

ein Morgen ein Sommerende)

am Rand
am Meer noch rückt sie nach Norden
geht sie nicht unter

oder rückt sie nicht, geht sie unter
ein wenig doch

hinter Wald und gekräuseltem Wasser
ein wenig wild
                    Was du auch siehst
will nur einen einzigen Blick

vor dem zweiten
rückt es für sich

Tausch einer Vorstellung gegen eine andere

Die Gewebe zwischen den Rippen und Muskeln dehnen,
sie leben.

Ein unterirdischer Bunker Neonröhre Beton.
Die eingesperrte gekränkte Luft.

Beton wie ein diffamierter innerer Halt der Vorigen,
aber nicht alt.

* * *

Warum soviel Schrecken, als gäbe es Zauber,
ich sein Objekt im Projekt des magischen Schemas.

Nicht einmal, dachte ich eben, daß der Schlüssel die Tür
aufschließt, ist ohne Magie, überall nistet sie.

Nervös, die runden Augäpfel engen, der Lidschlag,
der Atem von Stocken zu Stocken getreppt,

Kerbstriche am Mund, am Mund
der Befund.

Unterwegs sein,

Reisen: Einschlüsse Angst: Zerschellen.

Ob die Vögel die Vögel ob die Vögel
im Herbstflug die Vögel?

Elektrodraht Windmühle Vogelbeeren
Gegenzauber Moorhexe Besenginster

an einem Herbsthang, herbstlichen Erdwall
entlang

Den Flughafen Kopenhagen

in ganzer Länge erwidern: nicht daß Leere
zwicke, nicht daß scherengleich Leere

zwicke wo deren Schneiden Klingen
sich schneiden kreuzen

Die Kleine die braunen Augen die rasch
so beseelten

Dunkle Tiere die innen nie Farn
sehn im Innern im Waldesdickicht

Gepäckkarre Bordkarte Fensterplatz
Ein Rillengefühl in der Unterlippe

Nie kann es gut sein keinem Tier
Die Kleine die Erika Tellerrand Kinn

Verreisen

Es ist im Koffer, ein dunkles Wort, verwahrt.
Im Koffer habe ich, in den Koffer getan, im Koffer
gesammelt es. Mondschein.

Im blauen Koffer. Und Mondblick. Hartschalen-Koffer.
(Aber: Kantine, Radsattel, Badschloß: Man weiß es nicht).
Dohle und Mondschein. Das leichte (nicht heiße) Licht.

Im Mondlicht den Koffer mitziehn.
(Und: ankommen, hochstemmen, sitzen).

nicht schwindeln, nicht «grün» sagen / denken
Vergißmeinnicht Gänseblümchen Wer liebt denn
den Namen Maßlieben? Nicht «Laub» sagen / denken

Streng randende Blätter strenges Birnbaumlaub nie lügender
Birnbaumast Birnbaumlaub Birnbaumast. – Und das Haus
blickt aus den Bodenfenstern auch wie es ist

und nicht lügt das Gerippe auch lügt nicht Skelett
und der Bauch mit den Eingeweiden. Siehe
den Tischrand. Es rührt

da unten die trockene sichtbare Erde des Wegs der mich
führt Tischkante Weg Sie Er

Selbander

Der Abend hat viel Laub. Er kennt sich nicht.
Wir gehen. Gehen, gehen. Über-

müdet. Die Blätter spiegeln. Stille.
Zu keinem Ende. Die Spirale wirbelt. Übermüdet.

Das Schachbrett weicht von Nässe auf. Es schwillt.
Ein Zoll wird nicht entrichtet, niemals lügen.

In früheren Schichten trat an dieser Stelle gut
ein Jäger auf, der einen Hasen trug.

Nicht allein

Gesellig sich gesellen wird Gesellschaft.
Die Wellen gehn und kommen als ein Rhythmus.
Stranden in Bögen wie das Fischmaul ist parabelförmig.
So ist ein Fisch sein eines Fischseins Gleichnis.
Das Bild zieht sich zurück in das, was ist
und überdies erscheint.

Gastzimmer

Ein Spitzenvorhang, weiße Spitzen, Spitzen vor wieder Spitzen, es fällt, es schüttet nicht, es sind die Spitzen, geklöppelte, genäht, gestickt, geätzt, kein Himmel schneit sie.

Die sonderbare Überzeugung, Zeugung, Zeugenschaft der Vase, Vasenrundung dort auf der Kommode, wie unter der Kommode her die Dielen, Dielen …

Vor dem sehenden Auge, das zwar wach ist, aber noch nicht sehen will, am Morgen.

Auf Waldboden, moderndem Laub und Reisig, Sumpf
oder durch Steppe, rauschendes Gras, begegnenden Busch

sehe ich unseren Vorfahren stapfen –
oh, stapfen warum? stapfen doch nicht!

Es ist unser Fuß, Menschenfuß,
Knöchel, schlankes Gelenk!

Er ärgert sich, sucht, wo sein Faustkeil ist wieder,
eben hatte er ihn in der Hand!

Seine Wahrheit wie wir wittern sehe ich ihn
und lieben die eigene Sophie.

Jemand hat

Hühner im Stall, etwas Lebendes! hält
Hühner im Stall. Im Herzen. Im niedrigen Stall.
Der Geruch ist kalt.

Wiese. Zaun. Habicht. Fuchs. Getreidefeld, Waldrand.
Lockere Wirtschaft. Erde riecht. Scharren, kratzen
um die Grasbatzen.

Die Mienen des Wetters. Ein einziges Mienenspiel,
Großgesicht.

Das feste Haus, wie vom Himmel gefallen,
besonders unten, in Kindskniehöhe. Da schau.

* * *

Der Einsame schreibt Turbulenzen.
Bricht die feste umgebende Materie auf.
Blickt klug, bricht auf, blickt ein wenig ironisch.

Leichte Tänze aus Unverwahrtem
pfeift er, höre ich, schreibt er.

Repetier-Motiv

Siebe versiebe Ertrag auf dem Sieb
beträchtlicher Rest in view of the rain
die Pflanzen die Stengel die Köpfe die Körner
die Mienen wie Blicke der Weile in Anbetracht

Siebe im Trockenen Dach Wand Raum
Kammer die Säcke die Blicke die Mienen
Mehl eingesackt Auf den Dielen wieder
die Bodenläufer die Mäuse

Nach einem Einfall sogleich ihn befolgen mit ihm sogleich
in einer Perspektive verschwinden sogleich
sich vertiefen

Die Hühner heute zusammenhangslos
hinter dem Hühnerzaun heute heillos zusammenhangslos
heute in heller Zerstreutheit

Unter dem stumpfen Hellblau stumpfen staubigen Hellblau
Hünen heute zusammenhangslos
verwahrt in den Gräbern

* * *

Eine schimmernde Ähnlichkeit
in dem unauffällig Frieden versprechenden Satz
Die Mutter singt ihr Kind in den Schlaf

und anderen solchen
wie auch im Wiegenlied selbst

mit dem feinen optischen Singen des Berggipfelhorizonts
über dem dunklen Parkrand des in eine rasche Breite
fliegenden Sees da unten

erscheint mir stehe ich
auf diesem Balkon.

Erotische Kombination

Barthaar, der Bart einer halluzinierten
Ziege, aber wer weiß sie?

Unter den Wipfeln ein graugealterter linker
Eckpfosten, Holzhütte, sei sie ihr Stall.

Die Lippe der Ziege über die Zähne geschwiegen.
Sichtbar kniehoch kniet des Pfostens

Ecke bleich im fahlen Waldbodenlicht,
zu genügen dem weidenden Blick.

Sterne auch überdies
werden noch flimmern.

Eines Morgens war die Neigung
neigte (neigte Dach sich) blickte
Neugier

Eines Morgens war ein Morgen
schräge unterm Dachrand, Winkel,
äugte Winkel, blickte unter Wimpern

Äugte unter fing
Entdecken lud ein schräges
Öffnen ein zur Neugier

äugte Neugier wieder wie in
Reue blickte aus der Regel
neu gleich Reue

Eiszeit-Sprengsel

Aus Teilen, in Teilen, das will ich meinen.
Aber jedes blickt wieder: Wie weit, in die Gegend,
führt noch die Teilung?

Ein See ist ein Ganzes, Glätte und weiche Weile.
Ich werde mich hüten hilflos, rollt noch der Stein?
Ich weiß es, weiß es, das Eis.

Es geschieht nichts

Der Kahn will ans Ufer. Er steckt seine Nase in den Schlamm. Ihr gefällt der Schlamm nicht. Irritiert zieht er die vom Ufer verschlammte Nase zurück, mit dem Achtersten heim in die Wasserglätte rückend. Jetzt sieht man den Kahn zum Ufer blicken, ungewaschen; hinter ihm auf der Glätte Hunderte Enten. Auf unserer Seite feine alte und junge Bäume, holde Matten gepflegter Hügel, sanft schnaubend kaum merkliche Bächlein.

* * *

Buchen schlanke hohe, kaum Gebüsch
glatte Buchen lichter Wald allein tappt
das lesende Wild zu dem Wald
aus nichts als Buchen hinauf

Hinauf und lange oben Geduld
auf dem langen Kammweg tappt es
weiter der lichte der reine Buchenwald
weitet den Blick beim Aufschaun

vom Buch zu den Buchen
den glatten und schlanken und hohen
Bis er nicht mehr ist steht der Wald
seine Menschenalter Unten

äsend das Wild

Gehe vorbei am Klavier, fingere im Haar,
setze den Stachelbeerstrauch winters, des Winters,
Schneekrume, trete im Herbst mit dem Schuh

Trete im Herbst mit dem Schuh
Nässendes Kraut Laub November,
gedenke der Küche, übersetzt in

ein Abendgeläut, Hirschgeweih oder Geäst,
mein Dielenverbund Akelei Akelei geheim
Gehe vorbei am Klavier

Trete im Herbst mit dem Schuh
im Rücken die Villa mit mehreren
Dächern wie Wimpern

Wiederum buchen,

am Ufer unten. Nur zwei.
Doch Riesen, selten dick und hoch,
und straff wie eingenäht. In Elefantengrau.
So glatt und gerade können sie nicht alt erscheinen!
Und aber stumm wie nicht von dieser Welt.

Erwachen

ohne ein Wort nach der Nacht Ausfall Ohne ein Wort
Spaziergang, lang. Liegend. Blicke. Kein Wort mehr.
Offener Versuch. Tischbein. Löwe, Löwe am Weg.

Leibhaft Löwe, Löwe am Weg. Das Wort war: Tischbein.
Die Antwort: Löwe. Leibhaft – kein Wort. Grün. Grün wird
gehalten. Grüne Flanke Baum. Flanke. Baum wird

gehalten. Gehalten Baum. Jeder. Helles Menschenbein.
Aus dem Bett hervor. Deins, und du weißt nicht.
Gänge, Gänge. Das Posthorn.

Von oben und unten

Tage wie Stapel aus Mobilem aus denen man
weil aus Mobilem also offenbar Mobilem man

rutschen kann während sonst alles wie sonst
intakt erscheint fein alles Ständige

nicht infrage zu stellen
Aber das Rutschen ist

gleichfalls bemerklich dabei durchaus geeignet
das intakt erscheinende Ständige gleichfalls

sowie den Verwalter am Schalter zu hüllen ein
mit dem wie der Himmel geräumigen Widerschein

eines solchen Rutschens
plus Gerutschtseins fortwährenden Rutschens.

(*Strikt ohne Vorsatz Ansatz:*) Tür Luke Pferdekopf
Gänseblümchen Hühnerwiese Truthahn Kollern Schornstein
Sonnenrosen Zaun Kinderbuch erster Weltkrieg Milch

Milchfett Kuh Kuhmaul Kuhlippen beide Gerader Blick Kuh
Blick unterhalb ihrer Felsen Gesteinsmassen Kuhblumen-

dauer Wiederholung wieder wiederum & Blick
Wie auch Dach überm Haupt Standplatz Dach auch
& Fach kommt Köfferchen der Besuch

Gegenstand,

hergesellt, Schrank, die Kante, die Fläche,
das leichte, aber doch, inständig, Pathos, des Her-
gestellten, unwiderruflich her

-gestellt, -gesellt, Gogolsches Grinsen, tot,
steht, schaut.

Farbstreifenbilder

(I) Sofort

Du hast keine Zeit. Sie werden sich schlingen. Schlingen,
sich schmiegen, du durchquerst / Schnitt / sie nicht,
sie verlaufen dicht, du irrst dich, beirrt, sie werden
den Horizont überlaufen, fast schwingen, fern
mit dir, mit dir gleich, wie die, die du / Schnitt /
treffen wirst, eitle Hast und es war, was ist,
Sekunde wie immer, unbenennbar auch,
und wie viele nicht.

(II) Curriculum

Die Rosmarie
die Annemarie

Roswitha kam
zur Hochzeit nie

das Schlangenhaar
entlief und war

noch Schilf und Rohr
Geäst im Tanz

die es verlor
die Mitte fands

Unten die drei
nach Stuttgart, Ulm und Biberach
bogen ab in völligem Frieden.

Darüber –
man kam voneinander nicht los, verhockte
Adelsgeschlechter, das innenhin, das Verstockte
hinter dem schmiedeeisernen Tor; Geschick in Potenz.

Aber freilich die Bannkraft innen
schlägt ja aus als die Triebkraft außen, wie gejagt,
und zurück freilich Fliehkraft, es hat keine Wahl,
oder Kopf oder Zahl.

Janos Ber, ein ungarischer Maler aus Frankreich, führte Farbstreifen schräg aufwärts nebeneinander und von beiden Seiten gegeneinander zur senkrechten Bildmitte.

Die einstigen Füchse

sind nicht mehr wahr, auf ihrem künftigen
Moder, Humus, Waldgrund

als hätten sie Fieber, sie geistern,
ihre dünnen schwindsüchtigen Beinchen.

In Luftkugeln, Kugel an Kugel –
wer bestreitet denn die Beschaffenheit –

so, seelisch, ihr Ducken, sich-Ducken, die
Köpfchen, schlanken, schlauäugelnden füchsischen

Köpfchen, und Laub hing, Laub hing, Laub lag
am Wege; vom Weg in das Dickicht,

als hätten sie Scharlach, so wehe,
wehende füchsische Beinchen,

eine einzige Wehe,
aller Tag sonst stand.

die Kuhle der kühle rohe fest gebaute Keller
Stein-Stufen Schacht unwohnlich nackt und harsch gehöhlt
gemauert roh rauh unerläßliche knapp belichtete belüftete
Grube Zelle Zellen-Buchten auch Weitläufig unten
untergründig befremdlich …

Abstieg-Stufen grob sofort Besonderheit bedingend
sofort Verzicht abnötigend aufdrängend roh gemauertes
und aufwärts dennoch nicht erhebendes Getrepp hinab
in die Gruft die nie durch ihre Fenster strahlt
noch in sich strahlen läßt trotzdem sie lugt …

Ein Keller bleibt ein Keller unverhohlen.

Reisen wie im Traum

Die schöne lange Zeit die Schäfchen auf der Wiese
schlaflos schöne lange Zeit und ungebunden unbekleidete
ganz und gar auch freie Zeit schlaflose Pause Pausenzeit

die kleinen Schafe die noch auf der Wiese schlafen
schwarze Schäfchen auf der Wiese schlafen bei den Schienen
kleine schwarze Schafe an der Schienenstrecke

meine eigene schöne lange Zeit im eigenen Bett im Bett
die freie schöne lange Zeit die eigene die zu saugen scheint
zu saugen immerfort den Morgen trinkt

Heidelberg, Hotel

Wie einen stumpfen Pinsel tauche
ich den Arm in einen Bottich rote Tinte,
schreibe auf den Himmel.

(Es ist, was immer ist.
Was immer sein mag, ist.
Niemandes Schuld.)

(Gebirge sind, wo die Gebirge sind.)

Dieses dünne zerrinnende Blau
will nicht allein sein.

Dieses dünne zerrinnende Rot
in riesigen Lettern

über den diesigen Himmel.
Abendhimmel.

Der Ellbogen staucht,
die Hand legt die Finger um,
aus der Schulter die Schrift.

Nichts steht fest.

(Sieh die Pappeln, die Pappeln sind.)

Hinter oben spitzgesägten Latten
auf gemähter Wiese helle Leiber, Schweine,
nach dem Zuschnitt (Umrisse) von Schweinen.
Sehrest. Wie Gewinn.

Fantasiert, dass jemand kommt

Ein Kilometer Pappeln, vergiß es nicht,
vergiß nicht, lauf die Pappeln.

Pappeln und aber Pappeln.
Ein angeschnittener Mond in der Allee.

Am Ende gehen Züge, gehn die Züge
so lange schon und stets.

Das Licht spielt auf den Fliesen.
Bad. Schnurrbart. Spiegel. Reise.

Vorstadt. Land

Trödler-Treppen hinab und hinauf, diesmal mit einem Stückchen gelbgrünem Hochzeitsparfüm. – Noch nach Jahren erinnerlich der dumpfe Kellergeruch, der den Krempelduft übertrumpft.

Ich gebe dir mein Wort. Er hat gar keins. Er klaut es. Besitz anzeigendes Fürwort. Das nennt er traut. Seine halbe Hufe und etwas. Vor einem Waldrand. Sein Hoflicht.

Vergänglich

Es ging um die Sache, nun ist es um.
Sogar sie ist um. Umgekommen. Fliegengesumm.

Der Kleine stapft aus der Wiese herauf
mit gerutschten Strümpfen, roten Wangen, in der Faust
Butterblumen.

Von den vielen Wäschen erschlaffte der Gummi.
Schwarzweiße Kuh.

Und das Wasser da unten, seines Zieles Lauf
seit beinahe ewig.

* * *

Steige vom Rad (nachts, geträumt), feines Gleiten, schmal,
die Spur, schmaler Weg der Spur, Bewegung wie hübsch –
neben Rasen mit Hohem, mit Bäumen

und das Wasser da unten – seines Zieles Lauf
seit beinahe ewig –

Die beiden, die schmalen Fersen, die feinen
Füße, gehoben, gespannt, die Knöchelfigur. Erinnert
an Rehtritt, Ziegenfuß? Etepetete-Gestaks, das hübsche

Dreieck der Aufsatzpunkte darüber die Knöchel
zur Senkrechten und die Länglichkeit zu ihnen hin
von den (aber vorn hin) neugierigen Zehen her.

Das Laub das fiel gelbes Laub das den Rasen bedeckt.
Vom Rad und Halt.

* * *

Im Schnee die Stapfen, aber ja.
Schnee überm Laub, die Blätter, Blätter von unten auf.
Die keusche schwarze Feuchte. Die Kommune, Krume.

Stapfen. In den Schnee, den Schnee beiseiteschieben.
Blätter, gelbe, übereinandergefallen. Zerfallen werden sie
und Humus sein, wie einverstandener Meinung,

aber vor diesen noch das überjährige so unergründliche
Lila-Hellbraun, das lila-unergründliche, wird Erde sein,
das Hellbraun. Wasser, Frost, Wasser wirkt ein.

Volkslied

Meine grüne, meine blaue Puppe, Windsbraut
mit den Hängebacken und den nebelgrauen Brauen.

Mögen auch die Kronen schauern, sich entlauben –
du wirst schauen, schauen, meine grüne, blaue

Windsbraut mit den Puppenaugen.

Dank einer zufälligen Kongruenz entdecke ich Jemandes Fremden Blick in mir selbst

Aha: Wenn er blickt, den Sinn richtet auf,
dann nicht anders als geradeaus.

Den Kopf gerichtet geradeaus.

Unsere Bergziegen oben
auf unseren schroffen Felsen.

Vier Beine, stehen, gehen,
es ist das Gestell.

Hat dieser Mensch eine Starre in sich?
Äugt sie?

Ist sie seine heimliche Achse. Äugt?
Aufrecht im Lot?

So also. Demnach.

Assoziation

Eine Krähe flog am Fenster vorbei,
die heiße Luft wurde blauer.

Unabweislich schienen die Flügel zu – segnen,
verhuscht, aber doch.

Unten, beim See, der Acker,
so unten wie Aufblick, wie Nehmen in aller Breite.

Säen von Hand war. Gemessenen Schritts.
Perpetuum mobile bis an ein Ende.

Baumtatzenschneespreu.

Der so den Blick dreht, er scheint
Umschau zu halten im Logos.

Aber so ist es:
Umschau im Logos. Nicht jeder kann sein
ein Zaunpfahl. Zaun- oder Wäschepfahl.

*

Die feinen Rückungen dort bei ihnen,
Franzosen.

                Aus der Natur hinaus trat
zu ihnen, in die Gesellschaft, der Sinn

und nicht mehr ungeboren ist er,
gegeben dumpf.

Ab und zu

Wieso denn empfinde ich Lücken, Löcher innen,
und außen nicht? Außen zunächst einmal nicht,
lückenlose Umgebung.

Spüre, wie ich, vom Berg absteigend zum Bahnhof,
mit dem Auge erfass: an ein Haus dort steigt an
sein Stück Rasen grün, es summiert sich –

als sei lückenlos sein – Bewegung.
Aber nimm im Haus diesen Putzlappen,
den endlich verbrauchten

– Triumph in den Ganglien unter dem Herzen:
besiegt ist er, hin, so lange Zeit, so oft in die Hand
genommen, zu glauben gegeben der Hand,

anvertraut ihm die Hand, angetraut deine, vermählt ihm,
Arbeitsbund. Putzlappen. Nötigung. (Triumph
noch über den Stich hinweg, daß demnächst

ein neuer ja her muß …) Dies ist ein
morphologischer Reflex auf den Reiz hin: der Rasen
summiert sich, bis er bei seinem Haus ist, grün.

Vermutlich ja nie zur Aussicht gebaut.
An den Bach im Tal?

(Die Burg? – Zur Sicht auf den Feind. –
Die Sicherheit.)

Nun hocken sie an den Autoketten.
Haus für Haus.

In anderer Meinung der Einödhof. Unter den Wolken.
Braue unter den Wolken.

Wie sie gebaut haben, scheiden sie Zeiten.
Sie lies im Nominativ, dann im Akkusativ.

Im Ort kein Grund außer Baugrund.
Wasserleitung, Ortsteile, Kleinstadt.

Kein ehrlicher Hühner Seitenblick mehr.

Die embryo-zarte

Zeiteinteilung: Zellen, Sekundenhäutchen. Ist es
ein Korbsessel-Muster –

dann halten die Löchlein still, wie in sich gekehrt,
unter dem Bundrand, unweigerlich.

Zurück

Ein Vogel, zerrissen in der Luft! Ich wende mich
gegen die Luft, tilge sie, hemme sie, sende sie um.

Sollte es denn in der Luft sein, sollte es sein,
welches Antlitz Zorn aus den Wolken, Aufrauschen,

Zorn aus den Kronen, Grimm aus dem Gras,
Blendung vom See,

Wink des gewesenen, verrissenen Flügelschlags, das ist
der Fluch aus der Unterwelt, Wissen schwarz

aus den gefurchten Rinden.
Mein Gelb, mein Rosa, mein Blau,

erlaube nicht, was geschehen ist,
Meinung, nimm es zurück!

So fanden wir, Stiefeljahr,
Honig.

es worfelt was ist worfelt was ist korn korn durch löcher
durch korb korn wieviel über welchen berg

krähenschwarm füße pfadnaht auf der nackten
kuppe nachtnaht im feld wegkreuz und schwarznaht

es fällt geworfelt was ist das prasselt trommelt einzig die
seele allein der grüne liquide leib soviel gehör

trommel korn der onkel die tante entfernte flanke
die grüne saat die in der saat

noch verborgene graugelbe tracht
worfschaufel *wintworfa* spreu

für Brigitte

Sieben,

welche die Gleichung betrieben,
Stirnlocke stolz, verblieben

im keuschen Lila, im grünen Winkel,
des Rechenschiebers,

des Tagens, des unverhohlenen
Jagens, Tappen geharnischter Sohlen,

Lila im feldfeucht Trüben
vorm Hageholz – Blick der Sieben,

nicht zu weckende Diemen, Schober
im Dunst hin, über den Wiesen,

nicht zu wecken vermögen, im Stieben,
einander die Eigenlieben.

des sieghaft Gewesenen. Pflanzenstands.
Aus der Erde in die Luft. Weisheit.

Ein ausgeglichener Raum, Tischplatte, Schrankbein.
Fensterrahmen, Auftritte, Dachgestühl.

Die Blüte, die Frucht, das Streuen.
Das Welken, der Rückzug, Humusgrund:

Das – Meerwoge – immer Gleiche,
unübertroffen verschwiegen.

So sieh. So nicht wissen, sinnsam.
Lärchennadelteppich. Ihrs. Ihrs und weiter Ihrs.

Die Straße außen entlang, die Schneise Luft und Schnee.
Dunkel wie Schnee. Sterne auch über Kiefern.

Da waren Pferde, und ferner selig: nur noch –
da war. Ins dann Vergangene zogen, bogen

die Unsern, nach-diluviale Historien.

* * *

Das T-Shirt ist blau, die Hand rosa.
Der Segen des Himmels ist ein Quadrat.

Der Fuchs hat sechs Hühner getötet. Sie werden gerupft.
Der Fuchs ist groß wie ein Hund. Erzählen ist ein Betrug.
Vor deinen Augen, ein Unterschleif.

Das Bettuch ist weiß, der Dampfer wie fortgeblasen.
Das Segelboot spitz, bravo, ein Dreieck mit Mast.

Der Fliegenpilz braucht seinen Wald. Holüber, holunter.
Die prächtige Laune. Der Pfauenschwanz. Pfauen im Baum,
die Laute der Pfauen sind laut, der Pfauen im Baum.

-land-Schlaufe

Bis nachher, das Sprudelwasser, ein Dorf
in Mitteldeutschland.

Ende der 60er Jahre, Anfang der 60er Jahre,
am Dorf der Acker, um die Ecke Acker, Abend-Land.

Pfarramt, die gute Meinung, der Acker, der Graben,
aber am Abend pfeift sichs, am Abend geleitets

sachte, sachte, bis nachher.

Ich gehe mich nicht verirren,
der Boden war unter den Füßen,
ich kam herunter stets obenauf,
die Dachbalken lachten,

es reichte die Stirn, für: Ich weiß.
Die hierhin, dorthin geführte
Stirn, geistgleich,

schalten und walten,
die gute Laune behalten,
ich gehe mich nicht verlaufen,

sondern den Fahrschein kaufen.
Neben dem Nicht-mehr-Bahnhof. Darin
Tontassen dreht unten links
eine Töpferin.

Heimat – des Eifeler Schusters Ziegenbock

Stranden, stranden an Land, also aber nicht untergehn.
Vielleicht gehen. Waterkant, sagt der Anblick, Kömmling!
Ach, Erdbeerranken, heimische Landgedanken, gedenke du
des Hunds, deiner Schuh, des Hunds, aber Pfote & Schuster,
und Ziegenbock, familienbildend, Weihwasserkessel.

Wer

Oh, nicht wieder Holz und Wasser! Zimmerdinge.
Innen. Tagelang. Es stockt.

Guten Morgen, Sie schreiben Romane?
«An der Ecke» z.B.? Kante?

Es ist nichts wahr. Weihnachten, Stroh.
An der Ecke fällt der Gemeinte um.

Kaffee. Kaffee steht aufrecht in Tassen.
Innen enden die Wege.

Unter Tage

Verwirrung, Leib. Heute. Selbst. Jetzt.
Kalt. Kiel. Blau.

Galionsfigur.
Kurve des Bäuchleins hin übers Meer.

Immer. Immer schon. Schafften es. Waren sie.
Sterbliches Hirn.

Berge abholzen. Sklaven. Unter Tage. Flötenbegleitung.
Auch unter Tage Flötenbegleitung.

Immer. Zwingen. Archaik. Nicht unvordenklich.
Sprechende Gräber. Lächeln, Kult, Kalkstein. Ich

bin zu früh wach. Ich sollte noch einmal schlafen.
Frieden. Mund. Stirn.

* * *

Teil Anteil Rinde blattlos
Dezember

Keine Sonne scheint gestern

Wußte nicht Wollte nicht Zugeschlagenes Buch
Pantheon Antlitz Rom Pflaster Römisches Pflaster Via

Der Rauhreif Tau Wollte wissen
Gab Geheimnisse preis

Sohlen Lief Sohlen
Einst Schuster Ahle und Finger fest

Kindheit

Fing Feuer. Obwohl
da erst nur ein Kartoffel-

feuer war, aber Dorf ist
Dorf. Stand

mit kahler Stirn
unter dem Strohdach,

unterfing sich fing
Feuer Morgenrot

Morgenrot Waldrandschwarz
Die Birke ja auch

Daneben Stand jung
Und das nasse

zu nassen Füßen Gras
Was ist eine Stadt

Dach an Dach wie
abgemacht Nimm es

hin Sieh selbst Im
Ackertraum Hirsche

Ich geh meinen Esel verkaufen
Unter dem Czorneboh

Laß ihn die Pappeln entlanggehn
Die hohen pappelnden Pappeln

ja denke! Milch holen
Verkaufen das Langohr

Sack um Sack zur Mühle
und aus der Mühle

Ziege Kuh Esel Unglaublich
Der Weg wird entblößt sein

der Weg sich entfernen
Vorbei fließt das Wasser

Wiedergekommen

Weggenommen gewesen. Dem Selbstbewußtsein.
Der Baumstamm. Der Anstand. Stumm. Herbstlich sich
zersetzende Blätter. Um die Füße. Die Füße nicht frei.

Spiegel Spiegel Spiegel. Nicht wissen, wer. Die Glätte
des Sees. Zu Füßen. Das andere Ufer. Erwidernd. Skulptur.
Modell Tag für Tag. Vergeßlich. Keines Morgens

Fabrikmauerkante.

Fortsetzung

Eisenbahn. Fantasie. Der pure Klang, fantasiert.
Schrankkante, Anblick. Behältnis.

Leg noch einen Dezember auf. Dezember dazu.
Verback ihn. Zugetragen. Angelandet. Bewahrt.

Villa wie Stein. Ich nicht. Kiesel. Farn. Maus ja.
Gewähren. Langlauf. Wer. Eisenbahnverse.

Dezember:

Ja, aufstehn und all die.
Aufstehn und sehen all die.

Vor der Tür, auf der ebenen Wiese,
auf dem Wiesenplan

all die Kelche, die Lilien,

die Antwort schaukeln dem Blau,
dem Blau, aber weiß segelnd Wölkchen!

Lilien, weiße,
läuten in meinen Schultern erfreut.

Der Plan fällt zum Wasserlauf ab in die Ebene,
er bleibt bei ihm, bis das Grün feldkahl endet am Hang.

Ich aber will, wenn ich dann stehe und sehe,

das Wäldchen
für meine Stirn,

den Stirnhain will ich, die Hainstirn.

Scham kehrt Kehricht aus den Augen. Leidig
aus den Dielen wandern aufrecht, randend,
Blätter zu den Schuhen eilig,

drehn sich. Wird die Stirn sich heben blaut drauf
aus das andere Gegenüber, harrt der braune
Schrank als Flanke. Der Gedanke

kehrt nach innen sich das Blanke.

Rundum

Siebengestirn eines Vogels Bootes
Das Wasser des Quais oder Morgens
Unbeseelt nicht Niemand /
rudert Es lodert

ludert Bootskiel Schiffskiel Bug
Wie jener Jungfrau Profil (Fischfrau
Fischschwanz das Bäuchlein kugelrund
tanzt) Sie ruhten nicht wenn der Mond

schien Sie hatten die
Sinne beisammen Rechts Links
wie unlängst Ergrauen-
der Hain Gebüschrest

am Hügel Wie Wolkenriff

Am Hügelrücken am Mais
kam der Abend Rötete ihn

Aufgebracht

Hart summend Sieben Theben Sieben gegen Theben
Theben gegen

Das Summen ist: Die Schar. Die Stadt. Die Schar.
Die Tore lodern.

Enge, die anschwillt, summt. Das Eigene, aufgebracht.
Das Eigene ist der Feind.

Hornissen im Nest im Zimmer im Ohr. Hart summend,
summend hart.

Feindschaft. Gefahr.
Die Tore lodern.

Er kommt aus

Er geht mit der Axt in den Wald.
Die Axt blinkt über die Schulter zurück.
Er schafft im Holz, die Sonne im Rücken.
Das Holz duftet, das Wild ist durchaus still.
Die Axt schwingt Schwielen, der Mittag steht hoch,
der Abend senkt sich, rechtschaffen heim, rechtschaffen
müde, Balken, Pfosten, auch Brennholz. Da hacke den Tag,
den nächsten, den gestern, Stämme gefällt und entastet,
Rinde geschält. Der Ochse schließlich, den Ochsen
geliehn, die Fuhren heim über Wurzeln.

* * *

Den Pfad hinauf, Gang. Die Wolken. Komm mit.
Ein Hahn hat uns unten erfreut. Mit Farben, Federn,
der Spende Stolz.

Flüchtig erinnerte Zelle für Zelle das Blut sich.
Jede ein eigener Rhythmus. Zellen aus Pulsen.
So vorüber. Komm. Komm. Es blaut.

Ein Schimmer, ein Trinken, hinauf.
Laß sie stehen, sie waren.
Laub.

Sehnsucht

Ihn überreden. Grüßen. Wie Vögel sich hören lassen.
Nicht säumen. Münden mit ihm. Ritus. Wie Küssen

eintreffen mit ihm. Vogelflug. Zugvogelflug.
Die Grube, archaisch, führt zu den Toten.

So ist das Firmament firm. Es ist
gewiß. Nicht ohne Eigenheit. Der Mond

ist ein Zeichnen. Der Fluß gehorsam.
Überirdisch wächst Gras.

Gezeiten, Strände,

es war Nacht, ich bin herumgegangen,
nicht körperlich, nur im die-Nacht-zubringen,
um einen Felsenvorsprung, Dunklen,

– wieder will ich jetzt auch schlafen, mittags, eile,
zu schlafen – unterbrochen, wie der Wieder-Felsen
stand, und also unten, Fremde …

Wer holt mich ab, der Vogel, eine Stimme,
das Bald, das Wieder, Tag und Nacht, am Meer
sie rascheln aber: Strände.

Aufrecht

Daß vom Rasen aufricht sich das Gras
ins Morgengrauen, obschon Winter ist.

Das Baumgerüst kehrt aus das wenige Licht.
Aus Licht, Luft, Erde wächst die Erdenfrist.

Die Lerche Tag um Tag die Himmelshöhe mißt
im anderen Teil des Jahrs. Die Augen küßt

das wenige Licht, bekehrt das Baumgerüst.
Ein Leib wird aufstehn, dessen Lebtag ist.

Die Zähne blank! Nicht schnuffelt die Lippe im Mulm.
Die Oberlippe. Von oben. Nicht duldet. Es.

Hase, Kaninchen im Käfig, sie putzen sich.
Da ward aus Frage und Antwort ein anderer Tag.

Das Nichts tut weh, als seis.
«Als seis» ist das Nichts, das siegt.

Das Kruzifix steht Ostern vor dem Horizont.
Im Kopf das Meer dreht seine Wasser um.

Ihr Schaum und Bleibsinn gehen dich nichts an.
Narzissen sprießen. Sei lieb zu wem.

Angst und Stille

Panzerverbände, oh ja.
Ihrer ansichtig werden.

Sie erreichen den Stadtrand,
diese dort, jene dort, Einheiten
rücken heran, mächtig, rücken heran
breit, quer, durchqueren –

Vorrückende Werke. Vor-
werke, Hervor-
bringungen.

Mond Rüben Hinterhuf.

Flottenverbände, aufgebracht, Flotten. Syrakus,
oh Wind, Wasser, feindliche Flotten, benannte Meere, wunde
Küsten, Flanken, empfindliche Schläge –

Zerschlagen. Heerfahrt. Meerfahrt. Meerjungfrau.
Der Mund. Die Meinung.

Bart und Schlüssel des Petrus,
die braunen gemalten Augen.

stets haben sie Chefs,
sie sind die Mehrheit.

Schicksal. Chefs, geboren gestorben,
Chefs & Söhne, ein Engel des andern Verlängerung.
Andere sind die Chefs, Chefs in Unzahl, komplett,

niemals sie sind die Chefs. Wie über die Weide
der Himmel waltet, es ist. Dimension!

Wandern

Unstädtisch, städtisch, wie gehabt,
Scheune wie Pflaster.

Treten & reden, wie Wasser, Wasser,
& Schnee gleich Pflaster.

Niedrige Häuser mit Buchsbaumhecken,
Treuehexen,

schauen und bauen, trauen genauen,
enzianblauen

Himmeln von X nach X.
Meinen Tag um den andern.

Suffix-Sorgen

Stiefelbein Antrittsrede Götterbote Sorge
Geläut vor den letzten beiden:

Zweiter Akt!
Gemeinde Orgel welches Entsetzen
Wiederergrünen Kupferbergwerke Osterglocken

Erscheinen Kriegerhelmblitzen
Abwesenheit bis Änderung heit heit

Kenntnis Kettengelage gehänge In
Ketten Rasseln Adamssohn Feuererzeuger
Bedächtig und Findig

Abschreibung bung bung das
Torquemada da Felseneck

Ruderalflora Überzeugung
Knisternde Elendsquartier-

Versorgung gung gung
Körogly der Köchelkoch

Radiatoren, die Balkontür offen. Toter Beginn.
Kante am Bücherschrank. Ich sehe nicht hin.

Mißhandelte Metapher.

Der Aufbruch Zuvielgeborener
über Gebirge Eiswüsten Überseen.

Die Sieben verlorener,
versiebter die Acht.

Ja, X baute die Klaviatur. Später im Holz des Kastens
die gespiegelte Vertikale, unten die Tasten.

Falsch angebracht ist nicht unangebracht.
Unangebracht ist falsch.

Geschehn ist geschehn.

Schuhe, unfreundlich

Bart Bartzotteln Kinn Lippenrand Halt den Rand
Schädeldecken Nacht schwarz, kalt, frech.

Aber Schuhe Schuhkappen, vordere Schuhkappen.
Tappen. Unfreundlich.

Mein Langmut lebt länger als ich, triumphiert über mich.
Behält Recht & die Oberhand & ist ein bequemes Wort.

Bequem ist ein flüchtiges Wort, es ist instabil.
Hält nicht vor. Das rätselhaft seltene Ku.

Quer. Quietsch. Kwaken. Tappen
auch wieder davon, dunkle Winternacht, sternlos.

Von Holland nach Spanien

Man sieht sich doch sehr fern, wenn man von Holland liest. Man kann jeder sein. Wer von Holland liest, ist geistig dort. Die Erhabenheit Hollands rückt es in die Ferne. Die Erhabenheit ist ein Verbund, da kommt eins zum andern. Die Seemacht, Handelsmacht, die Schafzucht, die Linsenschleifer. Nach Spanien jedoch von Holland ist fast nichts. Die Kleinigkeit Frankreich. Auch die Pyrenäen sind nichts, im Gegenteil: kaum ihr Name, und schon ist man hinüber. Man kauft in Spanien Fleisch. In den Herbergen fragt man nach einem freien Bett und Topf und Feuer. Sie sind zu wenige Leute, für Reisende kochen sie nicht. So trägt jeder Seins bei sich, der da in Spanien reist. Das Zeitalter ist der Barock. Der Mond ist nicht bewohnt, wir sind nicht unbescheiden.

Gestern wieder der Hund nicht. Nur Gewölk.
Unten der Hund nicht.

(Auch nicht das Kinn überm Hund.)
(Beim Hund aufwärts Person, Gesicht.)

(Hund unten am runden Brunnen vorbei.
Oben etwa Wolken, Giebel, Dächer. Kronen.
Unten Schlamm, dunkle Krusten.)

Hund heißt herrlich nicht Herz.
Hat seinen kleinen Hintern.
Wünschte ihm alles Gute.

Gestern wieder der Hund nicht.
Andere Hunde gesehn.

Entkommen

Hat keinen Namen, hoffe nicht.
Ist nicht zu nennen / kennen.

Und läßt sich nicht greifen. Unlenkbar,
Zügel in der Luft. Zügeldreieck, Zugvogeldreieck,

die Keilform, – fort.
Was floh, ist nicht mehr das Nämliche.

Poet's corner ein Felsen in Meeresgischt,
l'homme qui rit.

die unteren, in Zehenhöhe
aufgekommen zum Wachsen.

Wachsen & wachsen, Eichen,
die den Kopf in den Nacken sich neigen heißen.

– Hin zu den Zehen gedacht, im Liegen, in meiner Lage,
Orientierung zum Grund, untenhin.

Winzige, aus Lehm, Acker, Schutt, Keimblättchen,
aufgekommen zu Zehen.

(Rückgrat, wie alt war ich?)

Lange Schuhe, schuhlang, Schuhe
zu etwas hin, zum Rand, zum Wegrand,

zur Seite – schuhlang bereite,
mit Zungen, unter den Schnüren,

(sie heißen Zungen, ach nein ach,
wie obergescheit, ach, Dach und Fach,

als wüßten sie, wüßten das Wissen,
das unten noch Anstand hat).

(Unten das hat noch Anstand.)
(Anstand ein Gehen im Stand.)

Weit und breit bis zum Rand
etwas Erde unter dem Grase.

(I)
Nun gurgelte die Quelle, es
schimmerte «zu Füßen» der Klippe das glaubwürdige (?)
Meer, noch unter Sternen.

Schreibtisch,
draußen die Hausecke harrt,
die gebaute Kante. Obsession.

Puppe ohne Augen, es tut sich auf
von mehreren Seiten der Morgen, weil Licht kommt.
Der Morgen, Morgen im Auto.

Sorgen des Hirschs & andere Sorgen.
Hier geht es um Wirklichkeitsgrade, ganze
Alpen können auch nichtsein, lichtein. Lichtaus.

Wie friert die Maus? – So, wie sie nicht
huscht oder frißt, vergißt.

(II)
Keine Ahnung,
ohne Haus & Hof zu Recht. Ohne Bild demnach.

Kein Maßstab. Kosmos. Wendekreis.
Anonym, doch unzweifelhaft.

Die Maus bringt zur Welt
keinen Berg. Gutso. Gesetze. Civitas.

Bergwerke. Stollengänge. Rauchwolken. Schiffe.
Massen. Maßstäbe.

Unauflösliche Produktion bis zur Grenze. Gras.
Rumorender Harz.

Kalte Bettstatt. Grammatikalisch.
Wissens-? Nicht -Lücke – -Zaun!

(III)
Bohne Bohne Bohne Bohne
sich fortgesetzt ärgern
Ranke Spinett

Abendlich Bibliothek. Letzte
Verfügung Eiweißig fleißig Silberhaar
Reise ans Meer

& letzte Verfügung
Nordpolarmeer Über Wochen Thema
der Robbenpool (frieren ein, kommen um)

Bohne Bohne Bohne
Das Giraffentreffen zum Weltkongreß
Du wirst es wissen, Gewissen.

Aufklärung

Bügeleisen, Bügeleisenkante, und -spitze:
wieviele Wege geht es mit meiner Hand:

Etwas wie es geht im Sinn so,
Bügeleisensinn, dem Uhrzeiger geht er ab.

Sehr Entengrütze, sehr möglicherweise:
Fensterbrett, Tagesneuheit.

In Liebe, Mutter.

(I)
Strunk. Schüsselchen, Schälchen.
Das Schuhband – von andern, Schnür-
Senkel, draußen, von früher.

Strunk. Exakt. Dachrand.
Das hohe Fenster steht kühn in den Wolken,
hinein in den sausenden Himmel,

im Sturm. Stummel. Das Kehrblech.
Aschengitter, das Ofenblech, hockender,
gebeugter kehrender Strunk, der dauernde Winter,

versunken, in sich, die Gartenlegende,
jedoch das ist mein Leib, und die gute
Katze, Bärin, mein Vorfahr, Nachfahr.

(II)
Der Strauch hat herausgebracht: Stachelbeeren.
Begeisterung. Aufkommen. Bestätigung.

Alle Zweige entlang. Von unten auf die
stehen aus dem Strunk geweihgleich.

Das war einmal. Die klare Horizontale,
Klinikbettkante, unter den Augen, unter

dem Hinblick.
Ich weiß nicht mehr.

Wieder graue Erde allein.
Stumpfes Gras.

Das Tempo eines liegenden Groschens.
Die, aus ihrem Leben, Währung verschied.

* * *

Schlaff. Harm. Vergessen.
Vergessen. Schlafen. Nessel,
Trauen. Zauber. Laute – und da:
Raute!

Ziege, Ziege gewiß,
dessen ist sich die Ziege gewiß,
hinter der Scheune steht
Raute.

Eine einzelne Taube,
warm, nicht Ton, auf einer waagerechten
Dachantenne der 17-teiligen Zeile.
Heiligung hält

im Zaum.
Das Pferd darf nicht zusammensinken.
Das Pferd ist die eigene Meinung.

Raute
wächst um die Scheunenecke.
Sofort aber schlafen, Deckbett.

Ich will nicht über eine Brücke gehen, die *pons* heißt.

Ein Widerstreben, Sich-Sträuben, chaotisch rundum, jäh
zur Figur verkrampft, Skulptur, ein erstarrter Aufruhr,

verschreckt alle Bewegung zurück in sich!

So? Nein, *pons* kann nicht sein als Brücke!

Ein Ufer, das andere, darunter Wasser.
Bridge vielleicht?

Tiefe, Luft, Schlucht – und *pons* soll es sein?

Heißt sie Brücke, habe ich mich gewöhnt offenbar.

Denn jetzt meine ich, befriedet hätte auch *Brücke* nicht
über das, was vor Augen ist.

Ein Ufer, das andere, und kein Hinüber!
Stellt das Scheuen den Schnitt dar, das Ufer?

Oder das Ufer das Scheuen?
Den Schreck eines jagenden Tiers?

Kann der Schreck eine Brücke finden?

Wird eine Brücke gebaut, bleibt er zurück.

Vielleicht *bridge*?

Ein Bogen, weit, sanft. Fortzählend sich in sanften
Segmenten, hin und zurück, unendlich hin und zurück.

Und der Tanz beginnt, wo das mittlere Drittel
das erste und letzte küßt.

Horizont

Fein bei sich, im Liegen, zugedeckt, nachts,
schreibt es sich leiblicher, wie auch das Lesen
bei mir ist, mit mir, weniger gegenüber,

obwohl der Text sein Gegenübersein behält, mit dem er
durchaus selbst einem Berghang gegenüber gleicht, jedoch
in den Augen eines ehemals Wilds vielleicht.

Oder eines Menschen stirngleich
gegenüber der Stirn. Wann kommt die Rede, wo spricht
der Fremdling? Ein Fremdling wäre ja doch

ein epiphanisches Wunder,
verglichen mit dem zu Entziffernden!

Keinen Bissen, keine Beute

Nüchtern eines Tages Augen
bleiben, wie die Zeit wächst, Ausschau.

Zeit: Ich weiß, es kann der Leib
aus dem eigenen Vorrat nehmen,
wie ers nachts tut.

Schwarz ist meines Kissens Seide,
schwarz des schwarzen Kissens Seide.

Ein Rudel Hunde bei mir. Große, jedoch kleiner als Schäferhunde. Schlanke, mit hellen Farben, kluge, *hundeklug*, strebende. Vier, fünf. Eine luftige Vier oder Fünf! Etwas höher als hundhoch luftig. Unter seitlich wehenden Birken vielleicht. Rudel an Leinen, etwa gleichlang; anderthalb Hundelängen vor mir geknüpft an sie. Kräftig, schlank, *zügig* laufen die Vier oder Fünf. Ein gutaufgelegter Herbst.

Schornsteine

Ich blicke vom Klinikbett aus dem Fenster,
im Denken merklich verlangsamt:

Es sind immer zwei, auch wenn es nicht so aussieht,
denn der Fensterrahmen verdeckt den einen.

Ich sehe einen oder zwei, denn es sind zwei.
Es sind immer die beiden.

Auch einer allein
gibt etwas unauffällig Gerades, Aufrechtes her.

Nach oben *verjüngen* sie sich.
(Erstarrte Metaphern sind Diebstahl).
So teilen sie sich denn optisch.

Unten scheinen sie ungeteilt,
weil folglich der eine den andern verdeckt,
denn unten ist es nicht dunkel.

Vor ihnen in einigem Abstand schräges weißes Geäst.
Sie lassen eine Kante sehn, rechts.

Sie sind rot, aus den gleichen Ziegeln
wie auch mein Krankenhaus hier.

Es schneit sacht.

Wahrhaftig, ich meinte, die Pfingstrose zeige
(die Primel, das Veilchen, die Osterglocke)
ihre Farbe an, und auf diese Weise
halte die heile

Welt, stets aufs neue gebunden,
ich dachte richtig (in einer Richtung):
sich rundende Zeiten. Von ihrem Reigen
nachgerade

ließ ich mich leiten.

Und nicht weniger

In jedem Moment, um nicht zu schwer & fällig zu sein,
braucht man die konzentrierte Kraft aller, alle,

& auf sämtlichen Schwundstufen! (Schwund
zugunsten der Fügsamkeit, «Geländegängigkeit» …)

alle die zurückgehaltenen Potenzen,

sonst ist kein Entkommen,

die Tatze knurrt statt der Katze,

das ist die Weisheit der Winde,
der lächelnden Blumengebinde,

die Schnittkirsche schwimmt in der Tunke,
Frosch und Seerosenblattrand bleiben

unter dem Teich-Mond mundtot.

Ja, ja!

Ich will etwas Großes tun, ich will es mit allem tun,
es war schon besprochen

in Berlin, ein Auftrag, und Proben,
es holt sich den Himmel, die Straßenbahn,

… und Maiglöckchen, Licht
vom Himmel, nicht ich allein, zwei Männer noch sind

zu mir gekommen, nach Ungarn, zu dem.

Stoffbahnen, Pappe, mit Mitgebrachtem,
Farbbahnen, mit Mitgebrachtem, versehen, etwas wie Spitzen,

Sorgsamkeit; allem, Stoff, starke, pulsierende Farben,
wie die Flanke entlang, die Flanke flankt, pulst,

trägt meinen Namen,
besitze zwei Hände wie Augen, die Augen wie Hände,

Freunde aus Irland.

Die Erbsen, Bohnen mit ihren Blatträndern, Ranken
(Stangenbohnen) zeichnen Linien, angegriffene,
zurückweichende Linien, ihre sterblichen

Konturen auf kein Papier, niemand,
niemandes Güte wiederholt sie, liest sie,
wandelt sie ab, –

obwohl der Himmel rund ist,
das Grün schwillt, vorspringt,
«lacht» (wie «die Flur»).

Der Zaun fällt flach.
Der Fisch blickt seitlich und sucht das Weite.

Lege ich die Hand auf den Tisch, so liegt sie, treu
entsteht er – Tisch.

Utopie

Sowjetische Klinik. Durchfall.
Klinik im Grünen, Personal

durch die Gänge, das das
Gewissen hatte,

nachts bei der Lampe,
morgens das Wischen, der
Haferschleim, nein, -brei.

Und Parkanlagen, Durchfall.
Schnee taut, gefriert. Ist seriös
Schnee.

Ist seriös. Nichts.
Die Parkanlagen. Walderdbeeren.
Zu Füßen des fünften Buschs rechts.

Schüttere Äste.
Dicker Himmel.
Diesige Luft.

Gedärme. Durchfall.
Kein Vertrauen mehr.

Nicht meinem Fuß
diese Zufahrtsbrücke.

Nicht meinem Bauch,
nicht den Darmbeinstacheln
die Brückenbrüstung.

Nichts hält sich – Tee
stellt die Mauer dar.

Zwischen Gasherd und Tisch *der Gedanke*

ist ein einsamer Esel am Feldrand
eine ferne – Bulgarien! – Erinnerung
Scheinbar einsamer Esel –

Zwischen Gasherd und Tisch *der Gedanke*
ist, daß man stirbt –

dort der Esel gehört ja wem,
er steht vor einem Wägelchen, hinter beiden
ein riesiges Maisfeld, Ebene –

der Gedanke
ist, daß man stirbt –
hin in ein Strudelloch – fort –,

dort ist sonst nichts auf der Welt.
Solange ich es sehe. Während mein Zug
vorbeifährt zum Schwarzen Meer –

Unbegreiflich

ist, daß man stirbt –
hin in ein Strudelloch – fort –,
versiegt, erschöpft.

zwischen Gasherd und Tisch *der Gedanke*

ist ein einsamer Esel am Feldrand

(II) Esel

Es steht der Esel mit erloschenen Augen.
Ein grauer Stein, tritt aus dem Leben, bleibt.

Der Bart des Abraham, ein Zeichen, überm Feld.
Das Zeichenwunder klein: der Bart der Ziege.

Ziege, Ziege, Züge, ein verlassener Esel.
Der Horizont ist seines Feldrands Parallele.

(III) Ziege

und Ziegenbart, sie stellt die Vorderfüße
auf den Rand des Kübels. Sie schaut erhöht
über das Gatter. Tier.

… mußt er gehn deß Todtes Strassen /
D'Han krähn / und d'Hund bellen lassen.

(I)

Der Hund le chien ssobáka um die Ecke,
um die Ecke bellt ssobáka chien der Hund.

Die Bäume aber fangen an zu blühen
Jahr für Jahr, wie stets der Atem geht.

Wie Atemzüge, will ich sagen Frühling?

Streng unterm Dach schaut jemand aus dem Fenster,
ein Großvater so groß, ein langer Lulatsch,

ein Sproß und Blicken unter Dach & Fach.
Zu sehr kann wahr den Frühling er nicht nehmen.

(II)

Der Hund bellt um die Ecke, doch wieso.

Geh ich herum, seh ich den Czorneboh
im Zittauer Gebirge, im Gefild herrscht Leere,

kein Hahn und niemands Hahnschrei ziert die Atmosphäre,
kein Sägeblatt und Rentnerwerk des Sonntagsorts.

Wieso nun Frühling jenseits jeden Worts
wie Handschlags. Mutter bäckt den Kuchen. Hoffnungsfroh

und ohne Sehnsucht bleibt die Szene ländlich.
Vom fernen Hochkirch bellt die Glocke schwerverständlich.

Handel

Haltlos, ratlos, Ebbe (achtlos) Das bloße Sein
wie angenommener Gott

Wir tauschen, tauschen Regung gegen alles
Alle Regung, Regung über Regung, Regung auf
Regung gegen Mangel

und haben Sklaven Schuhe an den Füßen
Brombeeren am Hang die Rednerstirn den Willen
ansehnliche Kraft wie Kampf und Ansehn Raubtierkraft

und -Ruhe
Unikal von 1 zu 1 zu jedem (jedes ist Nr. 1)
die Wolken wechseln

(i)

Clown Mirakel Grabmal aber Kacheln
tafeln Strauß Gezänk Ostern und Geranien

Ostern Geranien Lady Irrtum Wagen
Haube Motorhaube Steuerschraube

Tanken Lenken Aufgesetzt Geradeaus Geburtstag
Torte Wortenheber Zaun wie neugeboren

Wohnen Boden Fenster Vorwärtsparken
Lady Irrtum tafeln Unvergessen Strauß Gezänk

(ii)

Rauher Schauer Baum erhimmeln kauern
Motorhaube Schimmer Lady Lack die Windschutz
aber Windschutzscheibe Adac Feldrand Bauern
Adria behaarter Sitze Handschuhfach

* * *

Im Fall im Fell des Feldes Felsens
Felleisens Reisens Anton Reiser Weisens
Einsame Kiefer Windbruch Sägewerk

Den Augen blauend Lücken im Geäst
Abweisend im Geäst die Wolke reisend
Der abgerupfte Stamm Verwaiste Jugendkraft

So alt er immer ist das Holz die Fasern Knorpel
Schwarz gefeuchtet in der Enge sprossend
Einsam Wetter-Enge

Zur Operation

Die Unterweisung, Aufnahme & Blutabnahme Prüfung
Fragebögen Gab es Anzeichen Ist Veranlagung

Herzversagen möglich Familie Krebs in dem genetischen
Gezweig – Pritsche Blutdruckmesser Herzton -rhythmus

dies alles unten schon & Unterschrift Ankreuzen Erläutert
& Unterschrift die Einweisung. Er die Hilfskraft Vorkraft

legt die erste Hand an Die zweite Aufnahme auf der Station
3 Treppen hoch & Blutentnahme Prüfung Blutdruck

Befragung Einverständnis Risiko Erläutert Unterschrift
zu Eins zu Tausend Zehntausend Statistik Nachricht

Wie der Wind sie vorträgt spricht der Wind

Die an-,

die adverbiale Rampe.
Gerillte Scheibe adverbialer Rampe.

Der Mittelpunkt. Besitz des Mittelpunkts.
Besessener Mittelpunkt.

Besessenheit des Mittelpunkts und Drehung. An-
geschlossene Drehung, Drehung abweisend

der adverbialen Rampe, es dreht, wies dreht,
Präsenz bleibt unbestritten.

Im Brüchigen, wechselnd Erscheinenden, im Ganzen
um die aktuelle Scheibe die gleiche rohe Gegenwart,

here you are!

Die langen Wege, nach dort, dann so, dann herum
(sieh an, ich lenke),

die weiten langen gesummten Wege,
geraden Wege des lautlos tippelnden – trittelnden,
vier Pfoten – Hundes

hundschlank Rücken und Kopf durch das
(ich blicke ihm nach, fort und fort, Kopf und Rücken)
durch das, was wächst, verwurzelt, Liebkosung

Pfade das lange Summen mein Wunderohr
Resonanzlosem folgendes Wunderohr selbst Summendes
Wunderohr oben über Geweih Krone goldene Stirn

sanft und schlank hinweg tönendes Ohr die langen
Hunds Wege entlang durch das, was verwurzelt wächst.

Mond

Die Brücke ist nachts, die Brücke ist gut. Doch warum hinüber. Und wozu her? Das Herz tut Sprünge. Die Brücke: Sprünge. Luftsprünge. Über ein – Loch. Da ist ein Loch, ein Abgrund. Bodenlos, die böse Pause nachts? –
Die Schwünge, Sprünge, Uchtspringe (Niedersachsen), die Brücke ist Brücke, ist gut. Wie eins zu eins hockt, was fühlt und fehlt.

Was der Specht klopft

Auto Autor Automat Glück haben abfahren vergessen
gerade Fahrt Kenntnisnahme Gerade Laufbahn

Bahn ohne Lauf Nur weiter und weiter
ein Schlafen im Wachen

Elektromast die Schellen die weißen gelockter Mast
Verteiler und Leiter das ehrliche Holz das zersplissene

graue uneinholbar weißgraue Holz

Niemand

Hinterköpfe. Halbprofile. Gesichter.
Leises Rascheln. Hain. (Froschteich
mit großen Blättern).

Schuhe, Paare,
mit großer Regelmäßigkeit. Raummuschel.
Holzraumhöhle. Gezimmerte Meinung. Niemandes.

Auch du bist niemand. Niemand – das bist auch du.
Du kannst kommen, hinzutreten. Ungerufen.
Gespräche siehst du. Erwarten dich.

Die Stachelbeeren sind reif.
Dies ist eine Einzahl. Ein Zeitpunkt. Sprung,
der spricht.

Anhaben. Das Angehabte. Etwas anhaben. Nichts
anhaben. Jemandem etwas. Er konnte ihm nichts
anhaben. Auch ihr nichts. Und umgekehrt.

Aber: nie war und ist und wird sein das, was man anhat,
«das Angehabte». Es existiert nicht, «das Angehabte»,
ist nicht zuwege zu bringen.

So geht es zu. Das Bild zeigt ein Wegstück im Vormärz,
die Krume vergessen von Schnee & Eis, kärgliches Aufleben,
schütter, grammatische Existenz.

Siehe auch S. 286, Anhaben.

Das stumme Wissen

Es war Vollmond Nichts zu sagen
Der Händler trainiert den Kunden,

sie sind nachher eins, also wieso nicht gleich.
Und Unterscheiden tut weh.

Das Foto weiß Bescheid.
Still und in sich gekehrt, das weiß es alles.

Die schwarze Lady. Der wippende Leib. Gang, Blick.
Die weiße Lady zum Paar.

Die Weiße die Schwarze. Winter ade
nachdem nachdem

Man denkt dort noch hin

Was wollte das scharfe Kragen Vor-
Kragen über dem Ragen?

Der nahe schlichte und einsame Motor-
radschuppen, im Nu der Dreh: Ragen, darunter Sagen.

Siehe Preiselbeerrot, Gladiolenrand.
Im Laden stand an der Bretterwand
Besitzer verstorben.

Sein hölzerner Stand aber knöchernes Kinn
und gerader Sinn.

Der ein Witwer war über Tag und Jahr
des Hahns: Die Kirmes kam, Jim.

Näherte sich ohne feindliche Absicht
dem Drehkreuz. Schritt dahin.
Schritt im Park vor sich hin.

Hohe Eichen (pars pro toto).

Begibt sich nunmehr. Es reicht bis zum Rumpf,
dreht sich. Steht. Kreuz von oben. Achse, exakte
Rechtwinkligkeit, Dümmlichkeit. Niemands-Dicklichkeit.

Nämlich stumpf, dumpf.

Herkunftsbedingt.
Imprägniert. Geölt. Kreist
ein Viertel des Kreises …

Schritt vor sich hin. Wie geht es ihm, ihr?

Links, umrandet von einzelnstehenden Weiden,
ein Teich, Seerosenblätter. Auch Seerosen selbst. Kam
ohne feindliche Absicht zum Ausgang / Eingang.

Drehkreuz.

Ellipsen, und vornehmlich eine

Schwimmbecken, hinein
-sollen, -wollen, -steigen, -springen.
Es ist das, was erfolgt. Das Ich in das Wasser.

Teiche für Frösche und Rosen.
Schwimmbecken nicht ohne z.B. mich.
Ohne dich nicht.

Teiche nicht.
Jetzt verstehe, was Sprache ist.
Angeordnet, nein, eingerichtet.

Ich habe alle Meinung verloren.
Es ist der Morgen. Geträumt ist worden.

die seichte Schwimmbecken!-Unbestimmtheit.
Ob diese Wörter etwas vermögen?
Mochte nur Wörter die mögen.

Heute ist bereits heute.
Schwimmbecken-Unwirklichkeit.
Die hohen Fichten (im Walde gesichert).

(Sonst wäre kein Blau,
dem nachdenklichen Hunde nicht,
mir nicht und nicht dem Motorrad).

Sowie Barbaras hohe Kiefern am Pool,
ihre grauen dicken Eichkatzen dort im Staat Michigan,
der Morgen Leere.

Verdinglicht der warme Leib, die meinungslose
Ungetrübtheit.

Heute begibt es sich.

Zumal in der Realität

Niklas, der Neußer. Der Rhein?
Besitz des Rheins. Im Kopf
eine Fläche: Der Rhein.

Sonst: beliebige Wiesen;
Bäche nicht beliebig (streben). Weiden
beliebig, aber stehn.

Wiesen wechseln,
aber – «liegen» ist nicht das Wort,
«breiten sich» erst recht nicht.

Schau, etwas Besteck – das hat
eine Ordnung nur für sich,

eben! auf ordentliche Weise gesehen
gibt es die Ordnung nicht.

Schon «gibt es» – ist unordentlich.
Richtig!

Früh

Gesichertes Tageslicht draußen, so weiß. So weiß
und zusichernd gesickert früh, bereits auf dem Balkon,
unter dem Flugzeuggeräusch, -geroll, -geröll, der
Geht-mich-nichts-an-Ohr-Tour.

Balkongitterstücke; ist auch der Mond schon fort?
Robinie und Birke, die beiden. Die eine mit diesem alten
Elstern-Nest. Ich bin noch nicht wach; braune kleine
Fliesen lückenlos auf dem Balkon.

Ja schau, du schäbiges Schuppendach, du im Nacken
brüchiges Schuppendach, besandet.

Teerpappe. Ohne-Schornstein-Dach, ohne First,
mit unten rechts und links am Schuppen verharrendem
Ginster (sic!), billiges

Verwahren im Hinterhof, Betriebsgelände.
Es geht, sieh an, die Einsicht kommt zu Wort,
es jambet heim ihr Blick, sie zählt sich zum Bestand nun

& ist zur Stelle, wird ein Wort gebraucht,
das eine Stelle ist: erfundener Nacken
dürftiger Schemen – Schuppen

Netz

(1)
Ja freilich folgt man einem Anreiz zu springen
lieber, und sei es als ein Sack-Leck Flöhe, ins Feld
(schau die tanzenden Samen – sehr kleine Kinder),
selbst als Regen! lieber

als gegangenen Wegen,
oder gar Brücken! über Sümpfe! Sumpfbäche! Klüfte!
Bahnen für Handel & Wandel.

(II)
Andererseits geradeaus, des Wegs, woher, wohin,
pfeifend! Treidler! Das Dorf lag noch im Schlaf.

Die bleichen Straßen der Vorstadt. Ja, wieso? Trödelbleich!
Die geblähte, schmähliche, ziellose Tüte im Gras.

Wind. Reise, Reise und Wind.
Menschen, zur Frühschicht.

Aber dort vorn ein Plural gequirlt. Eine Reise-
Gesellschaft? Morgenlicht auf den Rucksäcken?

(III)
Pfeifend. Treidler. Das Dorf lag noch im Schlaf.
Haustür – die niedrigen Klappfenster bebten.

Aber schau: die Königskerze allein, hinterm Rabattenstein-
Rand. Ragt. Vor dem Siebengebirge, mit ihrem
Käferschaumbausch.

Und im Stall steht die Ziege. Es blaut, graut, hagelt, es nieselt.
Haustor – die niederen Klappfenster siedeln.

Schober zu Schober im Morgennebel.

(IV)
Die Treidler, das Schiff. Bei jedem Wetter. Ruhm Repins.

* * *

Das Messer glitt mühelos durch das Brot
und bis aufs Holz auch, Unsinn.
Man weiß es nicht.

Wieder auch «auch», eine elegante,
das kannst du glauben, Krähe, wohl Krähe,
man lebt nicht, wenn man nicht lebt.

Krähe, einsam.

Glockenrock, ein wenig Höhe, Rübenacker.
Endliche Zahl und Reue. Reue raschest.
Ziegelrot, gelinde gesagt,

einer Mauer, wehrloser Ton – Ton des Ziegels,
Kante der Mauer und des einzelnen Ziegels,
Mehrzahl zu Einzahl,

Suppe, und schwimmt.

DASEIN

Wir konnten denken, was wir mochten, – die Formel siegte,
Baggerklaue, die sich durchfraß (fett), sich vorfraß, Formel,
taub, durch Taubes vor für Taube, nur für Taube.

Taube, taub davon dazusein, ungefragt, und blind,
ins Taube starrend, wiedererkennend nichts,
wovon wir wußten: nicht einmal die Elster.

Denn sie kam nicht. Erst nach Jahrzehnten flogen Krähen,
querten auch Elstern, tanzten die Glühwürmchen.
Tauben aber
gurrten, immer. Was war, das war, ein Unschein,

ein Irgendwas, es hörte nicht, es fraß sich durch.

Ohne Streit. Wiese. Ohne Streit.
Murrt nicht;

Rücken des Bachs, Flusses,
Rücken der Meinung.

Der Große. Große Braunäugige.
Ohne Streit. Wiese. Ohne Streit.

Gras. Streuwiese. Bäurisch.
Eilends ziehn Wolken.

Erst teilen,

dann mischen.
«Ich kenne fast alles». Unglaublich.

Die Straße führt am Haus vorbei der Straße.

für Axel

Das Lebewesen

Ganzheiten teilen, die Teile mischen.
Es wirkt unter ihnen die ungemessene
Entfernung,

eine Nichtganzheit dieser Teile
wirkt, die kein Wort hat, kein Wort,
keinen Namen.

Ein flüchtiger Augenblick.

Ein bleibender Augenblick – das wäre
die Scheibe der Sonnenblume am Zaun.
Ich weiß sie, sie heißt, sie blickt

vor meinen Augen. Ich spiele
mit Zeitteilen,

lasse dem Wolf die vier Beine,
einem eilenden, doch nicht rennenden Wolf,
den Rücken

lotunter Wipfeln, die Ohren angelegt,
die Nase – Nüstern.

Besonders weh tat wo? – Und er kannte sich nicht aus.
Wieso? und wo? denn es war unerträglich.

– Die Art und Weise lag in ihm,
die Herkunft war ja auch – ein Ort wie ohne ihn.

Nun ohne ihn. Besonders weh tat wo? Fahr & fliege, reise,
die Reisen wissen nur: weiter. Die Namen wie laut,

die Ankunft ein So, noch ein So. Et cetera So.

Es ist dieselbe Nacht

Was im Schranke geschieht. Im Schranke geschieht.
Der Schrecken. Nacken. Knackende Nacken. Im Schranke

geschieht aus ehrlichem Holz, Holzfaserholz, das gehobelte.
Schrecken. Im Nacken. Ein Knacken wie Reisig

unter dem Schuh. Knacken, Reisig, unter dem Schuh. Ein
Morsch. Geworfen. Geflogen. Ast

ab für immer, Zweig ab immer. Aus dem Schlaf
schrecken, auf, abgründig. Knacken. Im Nacken. Reisig.

Knicken, Zerdrücken.

Umgebung

Gibt acht, sei dein Kuckuck, dein
– warte, bis dir der Name einfällt – Eichelhäher,
rufe dich.

Zurufe, unterwegs, wenn du wieder läufst
über die Tage hinweg.

Zwei Gänse stehen und äugen,
stehn parallel wie sie sehn, ihre je zwei
parallelen Flächen.

Sehn sie so?
Meiner Einfalt gefällt der Einfall.
Die Flächen heben sich, wenn sie die Hälse strecken?

Es sind die kanadischen, schwarzhalsigen.

Der Rasen ist weiß von Gänseblümchen, fast muß es
begütigen. Wen. Das Urzeiteis doch wohl.

Nun eine Ente, die größere Art, braun, mit sechs Küken.
Es ist Mai.

Die Gewohnheit des Augensinns: Des gewöhnlichen Auges:
Ein halbes Jahrhundert kükenlos leben: löscht sie nicht!

Kein Ton von innen, der Vogel tschüttert im Baum.
Die kleine Firma erwies sich als unzuverlässig.

Die vier / fünf Kollegen im Stockwerkbüro, Münzstraßenhof,
ich bin es nicht schuld, daß das Login nicht ging.

Und die meisten schweigen den dritten Monat,
come away, come away, death,

obwohl ich ein Ziegelhäuschen ums andere setzte
die Wege entlang, also verteilt ins Gelände,

der nackte Mond bleibt blank wie neu.
Fly away, fly away, breath.

Schon immer in Bringeschuld.
Noch hört man den Vogel, jetzt tschilpt er,

so träge wie all der Abend. Teich,
Mann mit Stock, Sonnenbrille und Hund.

* * *

Gehen laufen gehen, entgehen.
Laufen gehen laufen, wie Wasser Gebirgen entgehen.
Wie Wasser unter der Tür durch. Nicht schreiten. Nicht
die Hüften vorsenken, das Rückgrat richten.
Nicht hoheitlich. Keinen Staat mehr.

Giraffe. Gans.
Parbleu. Par exemple. Parfum. Par ici.
Flieder und für die Augen, trunken; tauchen, gehen
wie aber Wolken laufen, Rehe
springen, sinnen

wie unter der Tür durch, Gespenst schon.

Das Mass

Wenn die Wildente nach den drei kanadischen Gänsen geschritten kommt, dann zeichnet es sie aus, daß sie dieses schmale weiße Band hat am Hals. Das haben die Stockenten-Erpel alle. Ein Spiel der Natur. Um eine solche Feststellung zu treffen im Überblick, muß sich die Kompetenz der Leittiere in deren Evolution zu der einer ersten Art Bürgermeister im Ansatz gemäßigt haben, zu nämlich einem spezifischen Ordnungssinn, statt des vordem jeweils allgemeinen oder totalen, d.h. zu einem spezifischen nun als dem allgemeinen.

Mir nichts, dir nichts ein paar Wörter
aus der Luft gegriffen, wo sie geistern,
ununterscheidbar von ihr,

aber ihr Quentchen Willen enthalten,

sinnen auf etwas, so insbesondere
die ausgeschiedenen, die nicht mehr, kaum mehr gehörten;
verlassene Dörfer, überholtes Gerät und Werkzeug.

Vielleicht sind sie auch fremde? Neue? Zukünftige?

Und du selbst bist die Luft,
wo sie sinnen, dringen, zündeln, wellen, fliegen,
ankern, verharren, gründen,

hinaus durch die Dachsparren blicken, Ruine. Ins Blaue.
Graue. Bewegte. Eine Landschaft mit zügigem Bach.

Uni-Camp Donnerstag früh

Kronen, Blüten, Kastanien, Hänge,
die Landwellen maiengrün

Ein kleines buckliges Auto, huckelt heran
von außerhalb (es

huckelt so klein und buckelig einsam heran,
daß du siehst, es fährt selbst).

Die automatische Glastür gleitet. Ihre Hälften,
dunkel eingefaßt, treffen und trennen sich.

Das Camp stellt ein Architektur-Ensemble
von den 60ern an in die Landschaft.

Die Gärtnerei ist die feine altenglische.
Briten. Der Mond diese Nacht war gelb.

Aber die Krähn auf dem Cry

Autorad. Ein einzelnes Autorad. Kauf eins, nimm zwei. 100%. Ein einzelnes Autorad, das sind 100%. Vier Autoräder 400%. Zum Radwechsel dieses Windengerät; zu ebendem, der nicht die Ungeduld stillt.
Vogelfrei und niemandes Schwarm. Auf dem Cryfield, seitab von den Sonntags-Fußballplays, saßen lautlos die Krähen. Tat die eine ein Schrittchen, tat es die andere auch. Unter der hohen Helle verlor sich ihr Schwarzgrau.

Autorad. Vier: Da setz die Karosse auf. Vier sind des Sinnes, Karossen zu rollen. Eins will nur liegen und ausruhn. Oder: Angelehnt stehn. Unter Sonne und Mond will eins nur zum Schrottplatz. Zufällig angeflammt werden und qualmen. Haben wir ihn nicht ausgeholt, ha!, 60er Jahre, unseren Schutt & Schrott, ihr klappendklaubenden Holer, ihr Nachkriegswunder, ihr Poppenspäler; Pappeln, Pappeln vor Brandmauern, nach dem im Kriege Entrissenen, dem Parkplätze Hergebenden, ausgeholt, Künstler, ergrimmte, den Müll; das verehrliche Eisen! Eisen! Cameraderie, Paradiese!

Verdinglicht / vergeistigt

Heute ist Sonntag, ah und oh! Ein Thema ist ein Velo, das abfahrbereit an der Hausmauer lehnt. Schon abfahrbereit. Schon da. Dem weiteren schon überantwortet. Längst, längst. Nach der Idee.
Nach der letzten, die einging in es. Oder zähle ich den Kauf hinzu? Und erst recht den Gedanken Ziel? Dann freilich ist es, das Schnellfuß, nicht längst, nicht nur längst, ist es längst immer, längst auch zukünftig, längst jetzt. Da schau, eine Schaukel. Sieh hin, eine Definition. Ah und oh freilich ist Anlaßzeichen, Stimulanz-Zeichen, nicht Thema. Schwarmgleich Anfang (und Schluß).

Waldrand / Lichtung

Noch jedesmal leer ausgegangen
bist du, läßt du dich, ohne Grund, verlockt,

herbei, einen Jägerstuhl zu ersteigen.
Weit entfernt davon, der Jäger zu sein

oder auch nur zu denken an einen solchen,
der («im Ernst» dort) treulich wartet oben,

dann am Ziel ist unten bei dem getroffenen
Tier unter dem Mond.

Und der Stuhl schaut aus, wieder leer.

Noch jedesmal ein wenig zitternd beim Steigen,
zumindest heimlich, symmetrisch in der Distanz:

die minimale Verlockung – das Wenigstel Angst,
die Hände fremd an den Sprossen,

die Angst des Vorschulkindes heimlich
wiederholen ein wenig, verscheuchen –

So ist es, ist es. Der Stuhl steht am Rand,
der Ausblick blickt aus, hinab und hinüber, hin über …

Und der schlaffe, nicht wahr, Antrieb, verloren
schon fast vor dem Anfang, die Heuchelei

also hinauf und oben:
vor dem Ausblick.

Sitz, Witz, halte still.
Eine Wortfolge wie eine Parkbank.
Unbesetzt. Freie Parkbank.

Das Hühnchen hungert. Das Hühnchen
ist schwarz und klein, das Schnä-
belchen rot.

Hühnchen läuft daher,
aus dem Kraut zum Teich,
aus dem Schilf und der Iris am Teich

heraus, es ist rund, spitz vorn und hinten,
läuft daher klein. Zu klein, schwarz,
schnäbelig. Kein

Blick holt es ein,
einen Anschein von Hunger
hat es, es leidet ihn nicht, er ist

gesummt aus dem Grund, Rasengras,
Wasser, Licht, schilfige
einsame Iris.

* * *

Das weiß man nicht.
Man weiß es nicht Es kann schon sein.
In Ruhe lassen.

Die Vögel auch in vorvorhandener Weise.
Das große Piano. Das große, allem offene
Piano. Grosso. Pianogrosso. Es,

das große allem offene und allwissende
Piano. Grosso. Es. Grosso-
Piano.

Steht in der Ecke. Stirn.
Die gelben und blauen Tasten aus Stockholm.
Eiszeit. Man weiß es nicht.

Oder Zwischeneiszeit.
Ebenso herrschend von fern. Die Amsel tönt.
Die kleinen Katzen miauen noch kaum.

Baumschatten, Elektromast, Leben verbracht,
«die Tini erbt nicht», Lippen, Augen; das Glauben.

(Der Vater, fernere Vater, Autowerkstatt).
Baumschatten, Elektromast, lebenslang.

Der Aufzuchtblick der Mutter von oben,
der eigene ihr auf die Knie geradeaus.

Die Rose, die rote, die weiße, die gelbe; ein Hasenfell.
Elektromast, Baumschatten, Gras.

Enten. Malven am Zaun. Studentenmansarde.
Es zählt: die Stadt, geteilt durch den Nenner.

Der Himmel ländlich –

man bleibt stehn, wenn er auffällt, erinnert sich.
Während man ihn sieht, erinnert man sich: an ihn.
Mit einem kurzen Bedauern, da man gleich weitergeht.

Seine Leere enthält ein Blenden.
Dein Lebewesen kennt es in sich.

Dike

Ja freilich glätten!
Niemand schläft auf Geröll!
Es kann ja nicht alles glatt sein bereits.

Glätten noch rasch, rasche Hand, rasche Frau,
ihr Inbegriff, vor dem Gast. Unterraschen.

Und dem Küken, der Zukunft: Glätten das Gras.
Vor dem Küken.

So auch die Wogen:
Solon: siebtes Jahrhundert v.u.Z.:
Das glatte Meer ist das Gerechteste.

* * *

Was ist, ist geworden.
Vor dieser Pflanze ist Nicht-sie.
Same, Keim. Sproß, Blatt, Zweig, Frucht.
Zeit, die nicht zehrt, zerrt, langweilt und lügt.

Wenn eine enge Person, vielleicht enge Person,
streng, autistisch assoziative Person

– was die Katze sieht, ist die Wahrheit –

wenn *such one* einen scharf allgemeinen Zug
aufnimmt in den eigenen Brötel,

wie z.B. Heroismus, «ein Held sein», einen politisch
psychopathischen Zug, psychopathischen, politischen, auf-

nimmt, gewinnt ihre in sich geschlossene Wirtschaft,
während sie wuchert vielleicht (wuchernde Strenge, Enge)

– Hecke ist gleich Acker, Teich gleich Berg –

gewinnt sie
so gut wie automatisch unversehens denn doch

einen poetischen Reiz.

Dreht ab

… Der kleine runde Tisch, Rauchtisch
von vor dem Krieg (s. Asia-Läden):

Auf dem eingelassenen Messingblech
laufen, von unten hineingetrieben in es,

Elefanten sich nach.

Obwohl ich ihren Kreis sehe, geht er
gleichsam fort, im Stand, im Blick, stets

unverbindlich, wiederholt sich jedoch, jenseits.
Jenseits des Zählbaren. Die jetzige, jeweils jetzige

Repetition (Tautologie)
ist zugleich Perfekt wie Plusquamperfekt,

beliebig unendlich.
Auf der Höhe der Zeit stehenbleibt nur

ein gewisses mentales
Stutzen vor dem, was kommt.

ein Gartenzaun, Grundstückzaun, unten das Gras,
also Frühjahrsgras, kein hohes. Oder nach dem Schnitt?

Grasbild mit Zaun. Ein Kindheitsblick, wie entseelt:
ahnt nicht, ermißt nicht, mißt nicht.

Kein Davor, kein Danach. So nimmt Platz ein Fortsein, ein
ausschließlich Jetzt. Starr gegeben.

Überdies schon Bild.
Wie gegeben, so wiedergegeben.

* * *

die knie ungeschützt   die knie rücken
am boden unten   in nichts als laubeslüfte
das ohr gerichtet   die hand umfaßt das gras
die hand auch ruckt die sichel   und plätze werden frei
nunmehr des vollen lichts   die sträucher sich erfreun
die vögel schweigen nicht   von zwei uhr stiekum rücken
die zeiger über drei   es hockt die dort nicht kniet
wie diese nicht bemüht

* * *

Tiefer Morgen, wirklich erschienen, geschlossen
summende Etagen, Wind geht. Natürlich kein Vorhaben.
Bürohaus.

Natürlich kein Programm
außer Fortexistenz mit den Glaubensmerkmalen
der Konkurrenz; Licht wie lichtlos, in summenden Etagen.

Büroangestellte
wie nicht einmal Fische im Strom, weniger als sie,
weil als einzelne geleitet von anderen als sie, menschliche

Hirne! In Teilausbeutung. Teilbetrieb. Bürohaus Unhex
Nani-Nani von Philippe Starck Franzose
in Tokio Ob

Tageslicht oder nicht, die Behältnis-Verhältnisse bleiben.
Die Adresse der Beschwerde bin ich.

diese Vergißmeinnicht mit ihren erdnah-hinschwindend-winzigen, verblassend-hellblauen, doch wiederholten Blütchen – neben dem immer noch lockenden tiefen Blau der Jungfrau im Grünen, der unterwüchsigen, auf ihrem trockenen Grund, Selbstaussaat wie sie …

bilden im Beet, im Schatten der Eberraute, verwildernd dunkelgrüne, sich durchschlängelnde, auch eben liegende Stengel, lungergeil, Unkraut, nicht mehr sie selbst, Blätter und Stengel zu lang …

Trotz ihres sprechenden Namens sind sie ja stets, schwach und geil oder gesund, das Nichtsprechen, ja sich-Entziehen selbst, soweit sogar, daß man den Namen, sieht man sie, nicht im Ohr hat für sie, und auch, sieht man sie nicht, aber hört man ihn, ihn nicht hindenkt zu ihnen.

Ein wenig jedoch taucht er vor diesen hier aus dem Gedächtnis auf; denn man mag es nicht einmal glauben, sie anders zu kennen hinter dem vorgefundenen Anblick, auf welchen der, unnachweislich wann und wo, voreingenommene Blick trifft.

* * *

Ich bin der und der. Ruft die Feuerwehr.
Ich setze auf mich, stell ichs euch hin, meins.
Setze, verletze. Setze das Geschoß auf Säulen.
Eins wie das andere Gebäude steht auf Luft und Säulen.

Gern sind Wände Glas. Mir gibt auch keiner was.
So geht es seit vierzig Jahren. Setze auf meinen Namen.
Ich bin kantig grob gefährlich unsozial keß schnittig.
Baue schließlich nicht Hütten.

Es wird einem nichts geschenkt.
Da war, wenn man bis an ihn zurück genügend weit denkt,
Napoleon ein Schaukelpferdchen gegen mich,
tue nur einen Federzug ich.

Kreatur mit gefurchter Geduld

Die Bahnhöfe oder ihre Vorwerke, so fährt man hinaus,
so auch jeden Meter hinein, oder Städte und ihr
Gelände; denke ich an

Meinesgleichen, tun mir Meinesgleichen leid,
die blanken Knochen, im Fahren, und weiter
leid, im weiteren Gleiten,

die Strecken und Strecken, die Halte,
die Knochen schon tun mir leid, blanken Knochen,
fischmäulig über die Brücken gezogen,

schienenläufig unter den Brücken hindurch,
das genannte Ambiente läßt mich nicht sagen: Menschen.
Sein Wortschatz reicht nicht so weit.

und gleich Sonne
auf dem Asphalt

fraglos
eine Hecke sprudelt
Wort für Wort

die
Tischkante kragt Wir brauchen
eine Woche Luft diese Woche

Laß nur geh
an den Weingarten
Reh

Die Katze, schwarze,
Rasen vor Augenpaar

Rasenteppich
Tischkante kragt

Wasser. Wasser jedoch.
Wasser heilt.

Von den vieren kein Bein
vergessend, die Katze, ihre
Gelenklein federn.

Erde hinzugetan und
Silbertanne, lächelnde, die.

Aber Zaun auch satt.

Dativ

Worte ungefährlich hängen in der Luft
bis sie sich fallen lassen und erlöschen

an der Erde angesichts des Kirchturms oder
ähnlichen Gepräges. Um nur ihn zu nennen.

Ein Fünftel Mond beinahe blendend nahebei
im Hofbaum gestern. Zwischen den Fingern die Prise

Wortpulver begeisterte der Hecke
Blatt um Blatt.

Zaubere glaube der Berg
hat zu Füßen Anderland

Katakomben
Wein fein ummauert
Tonnengewölbe

die Lerche steht das Telefon weht

Es kreuzen und queren Busse
Geld haben mußt du Wo
ist mein Wald

sagt das
Rotkäppchen Großmutters Strickzeug
verewigt

am Firmament

Alles
Deutschland mehr
ist es nicht

Rhein-Hessen / Hahn
oder Storch auf dem Dach

Weinanbau Kinderschlitten oh Ostern

Betrachtung in vers-ähnlichen Kurzzeilen

Wegerich. Wahn. Denn wieso?
Different ist leicht auch indifferent.

Sogar Wahn.
Ich glaubs. Du kannst mir glauben.

Die Hände die Füße Hans hat
von jedem ein Paar.

Alte Nußknacker knacken Systeme
alte Knacker jedoch leicht nicht mehr.

Systeme knacken intransitiv.

Junge Knacker bullige Zornesader
Bei den alten dafür aber diese

geplatzten fein rinnsäligen Äderchen So
behält er den Hut auf.

Wegerich, der
wo es geht auch leicht steht.

Je öfter er über eine Brücke geht,
die nur er sieht, die er nur sieht,

desto reiflicher wird er ein
von dem jedesmal Nichts dieser Brücken
und dem überbrückten jedesmal Nichts
mental Erbauter.

Heimat – dreimalneunter Rand.
Auf einem Seerosenblatt sitzt ein Frosch. Die
Rückenschräge, Füße, Bauch, Brust, Maul oliv,
das Licht auf dem Weiher flirrt vom Laub.

Demitz-Thumitz – Granitsteinbruch

Vor ca. 450.000 Jahren war unsere Heimat 50.000 Jahre lang mit einem 300 m dicken Eispanzer bedeckt. Auch der Klosterberg war vereist. Erst 20.000 Jahre vor Christ Geburt war die Gegend endgültig eisfrei.

Ortschaft allein
bei den Sprengungen.

Haus Haus Enge Weg Rasen.
Zu arm für mehr Grund.

Stöckig übereinander. Städtisch.
Ansehnlich gegen Ansehnlich.

(Karg bei Karg nach dem Krieg.)

Pauverer Protz, getrennt im Engen,

aus dem Häusergesicht kaum erschwinglich
weit, weit, über die Trennung hinauf, entfernt
miteinander Liebe & Lust.

1898 Sozialdemokratischer Wahlverein Demitz-Thumitz. Rasch wachsender Stimmenanteil. 1912 Gründung der **G**emeinnützigen **W**ohn**G**enossenschaft.

Feldfrucht Airport Nachtigall es nickt sie nicken
Gangster Regenten man schlägt sich so durch

as soon as we're airborne hast du wohl gehört
schau graue Wolken aufeinander

sie zeigen sich zwar (nicht daß die Gräue nur herrscht)
aber die Farbe feindet

Achmatowa lernt, lernt es, es ist kein Alphabet.
Nicht einmal Stierhorn, schlicht böses Enden,

Ende, Enden, böswillig, magnetisiert,
in eine only Richtung geordnet.

– Eine Sonnenblume in einer Sommertasche
sah heraus im Rücken einer Radfahrerin

dann – unüberblickbar – zwei Felder
kümmerlich niedrige Sonnenblumen

mit aber großen Köpfen

Jäger und Sammler

Das Leder nicht der Handtasche, der Hüfte
nimmt entgegen, Haut nur. So entlegen! –

den der stumme Umkreis kantet – jeder Rand!
um mich, die stets aus dem Gesicht verliert das Land,
in das Gesicht auch sammelt: Schrank vor Wand –

ich möchte nur das schlaue kleine Hinternchen des Rehs,
des durch Gebüsch sich tauchenden – wahrhaftig! – Farn!
– ich sammle!

weißgefleckltes Hinternchen noch sehn – ich sehs!

& den gemeinen Lebensstrick, bis er den Kopf hat, Ganglien,
elektrisieren, diesen nicht verlieren!

Kein Gedanke kein Strauch auch nicht auch

wiewohl ein lieblicher Klee steht und die weiße Rose
herblickt mit ihren fünf Blüten.

Das Selbst – ein starrer Karren.

– Karren sind selbst selbst.

Und man sieht sie nicht mehr:
diese schweren gezogen von Ochsen, Autoritäten.

Nichts regt sich.

Die Person: Laß ich sie stehen (mich),
laß ich sie laufen (Waldrand)?

Sie wird dies tun und das und überdies –
Rückgrat – blicken ins Leere.

Aurora

«Di rider finirai / Pria dell'aurora»
Das Lachen wird dir vergehn / bevor der Morgen graut
So hinge am dunklen Schrank ein Geigenstrich

exakt aus dem Töten Sterben Rauben Verlieren
exakt aus dem politisch Bösen verhängt geschwärzt an der
Schrank-Ecke oben links in meinen gezimmerten Raum

Ich liege ich scheue den Spruch den Ton-Strich
liege auf dem Rücken lache nicht

Es zu hören (plus Vergehn) ist gescheiter als:
Ich höre den Wind man lebt besser so.

Gewiss

Die Diener päppeln sich, anstatt sich totzulachen.
Ich meine Angestellte, portionenweise.

Das Lachen ist ein böser Engel, fliegt.

Es hat die Oberhand. Es ist
ein Kehraus, unter dem sogar die Eis-

Gipfel noch lächeln, Lächeln sind, vorkommende
Insektenfauna. Kehraus die Oberhand.

Faust fuhr auf dem Teppich an ein Prager Fenster,
Fensterbrett, Geranien;

Küche und dein Frühstück oben, unten Pflaster.

Die Auftragnehmer päppeln sich, anstatt sich totzulachen,
Lügenstirnen, die die Existenz des Haupts behaupten.

Es wird auch wieder leichter dann
– als zu leicht / zu schwer Nicht haben
sein Deins von allen Teilen / allenthalben Teilen

Sind die Pflanzen auch die geradesten –
wär ich sie ich glaubte dem Gesetz nicht
Aufenthalt bei ihnen Ausblicken mit ihnen

Strenger fremd, glatter fremd, gleicher fremd
Warum denn wenden sich an Bein-&-flügellos
Ist das ein Geheimnis

Das Glatteste ist ungestört gerecht
Was tut mir leid Mensch nicht noch Tier
halten so stand wie Gras

Lebenslang

Tadel. Tadel: die Leiter – Sprossen fehlen.
Das Wort fehlt nicht. Das Wort ist zur Stelle.

Unverlangt. Mißtrauen in sein
Strickleiternervensystem.

Was willst du. Katze.
Katze Katze. Lückenlos Leib.

Wie auch wir vergeben unsern Schuldigern.

Zu früh

Wir sind noch müde, das Bistum.
Bistum des Bischofs Bohne.
Ist müde.

Vor den Zähnen der Mund
zieht kleine Muskeln zusammen, zur Schnute.
Die Schnute möchte, das Anwesen ruhte.

Der Morgen ist still, für mein Ohr. –

Doch wohl nicht. Nicht für mein Ohr.
Er ist, wenn er ist, nur an und für sich.
An und für sich also still.

Vor dem Ohr ist er still.
Eine Prä-Position, blanker Ort.
Unsichere Prä-Position.

Aber das ist mein Ohr.

Licht auf die Lider.

Riw dnis hcon edüm, sad mutsiB.
MutsiB sed sfohcsiB enhoB.

Der Mund für sich, nicht mündig,
Bistum, Blitz, blind.

Deklinieren. Abbeugen. Biegsames, zu Biegendes, zu
Dir hin. Du, zu Dir hin. Linkisch, förmlich,

formell. Zu ihnen. In Abwehr. Ohne Abwehr kein *ihnen.*
Kein wir und sie. Ohne *sie* kein *wir.*

Die Gegenseiten. Hände. Handlanger. Handel.
Gegenseiten. Applaus.

Eine Zeichen-Gemeinde, scheu, scheuen,
abgekartetes Spiel.

Biegsam, doch ohne Lächeln.
Leicht. – Und vielleicht doch

etwas wie Tanz
übte die Wendungen ein?

Lächelte nicht. Die Dritte Person. Es gehört *ihm.*
Laß es ihm. Laß ihn. «*Geh Er!*»

Gras und Blätter im Wind
schmeidigen Sinn und Starrsinn.

Aufscheint

Freude, ein hohes Gold. *Wer dort, woher?*
Sprossen, die hohe schlanke
Kelchform – *das zweite*

Wort nach dem Gold.
Sprossen, mehrere, oben (Balkon?),
La jeune parque Zubehör Aspekt

Zubehör dunkles Gold Freudeform Seltsam!
An die jeune parque erinnert es nur,
von ihr kommt es nicht –

vielleicht aber sie – auch von dort?
So stehen auch die Sprossen, brüsten sich
(Brüstung?) mit ihren gewölbten

Bäuchlein die Kelche … La jeune parque
steigt – Stufen – hernieder
vom Pfühl (?)

Ich wollte nicht glauben?
Die Freude nicht?

Sie verwundert. Zeigt ihren Grund nicht. Zeigt
Gold, dieses dunkle, (nie gesehene!) rote.

Wenn die Sonne brennt, weiß man, daß man es kennt.
Als sei es so. Ununterbrochen. In sich.

Bahnhöfe tauchen im Blick auf, verputzte Mauern, sind es.
Und wissen nicht weiter als Leitungen, Schienen.

Stumpf brennend Perrons. Unschuldige Scheitel,
überbelichtete Taschen, Knöchel an Füßen, die stehn.

Kiosk-Kassiererin, sie hat das Heft in der Hand.
In der Hand sei alles, was sein kann.

Und Frieden

Exakt; die Räderspur, das Reifen-Profil
in der feuchten Schneise, Bluthandel, so sieh

Löcher im Wild, Blut tritt aus Hasen, aus ist es,
die Spur wird Regen sammeln, zu Mißmut, zuviel,

ja vielleicht Wald: die *Schwarze* (vom Düster der Wolken,
dem stets strikt entschlossenen Regnen) *Seite*.

Aus ist es, denke ich mitten im (doch ersehnten) Sommer,
aus: die Sehnsucht gekappt,

nicht meistere ich mein Ergehen, die Hitze
ist sie selbst, der August der August, die Wiese

erschöpft sich. (Der Raps, der stand, ist ab.
Sein kahles Feld richtets aus …)

Hitze und Maschinengeräusch

Ein gewisser spitzwinziger Graus oder Ekel: Wespen
(die Wespen) stößeln ein trockenes gebratenes angebissenes
Huhnherz, Hühnerherzstückchen (das die Katzen

liegengelassen haben –
Wie mich beim Beschreiben / Benennen die Sprache
mißhandelt, ihr Maß mir aufdrängt! –)

Das dorrende Klümpchen krümelt, die Wespen –
(*oder Scheinwespen auch, ich räche mich!* –)
surren auf dem erschöpften Tischholz.

In der Sonnenhelle wirkt es erschöpft.
Das Vertrauen-Erwecken, das seine Pracht war, Kiefer,
zeigt kaum noch die Spur eines Anteils an ihm.

Wie aber, unterm fortwährenden Wehen des Laubs
und Winds,
das Herzstückchen krümelt, zu beinahe Staub,

stößelt unten an meinem eigenen Herzen spitzwinziger Graus oder Ekel.

Der Maschinenton dauerte unbewegt an, sie drillten …

Keines. Aha. Bachufer, Verkehrshindernis.
Alle kommen. Kommen sie? Wollen passieren.

Eine Ameise mit einer Ameise, toten, im Biß
vorn quer, für sie schwer. Sie befördert.

Unendlich: wohin?
Sie richten sich nicht nach den Sternen.

Stau. («Man sieht Steine, in die sie nach und nach
Wege getreten haben.» Brehm)

Wie beseitigt man ein Verkehrshindernis?
Man kommt hin und beseitigt es.

Es heißt immer noch beseitigen.
Auf die Seite schaffen.

Kann sein, es geht. Man sagt zu Recht *es*.
Nun ist es dunkel. Geworden.

Schlafpause

Die Knochen – gebunden, in Bänder verspannt.
Sie tun weh. Unbequem. Sich
wohlig dehnen.

Nun das Rauschen. Von innen. Des Bluts
in den Ohren. Mittags Esel. Esel im Mittag:
Emblem …

… Lange nicht gesehen – die Kuh.
… Selten leibhaftig! – die Ziege.
Es war einmal.

Ein Plan, wie es sein soll, ist
gesammelt worden. Wie in den dicken
Ablagemappen

Entwürfe, mißglückte …

Mangelwirtschaft

Lauf nach Hause und sage der Mutter, die Segel
seien von Hochkirch nicht mitgekommen, Birnen
könne sie haben, wir ernten.

Unbekümmert zog er dahin. Es regnete, die Schlaufen
zogen sich nicht zusammen, es pfiff
der Teekessel, als er pfiff.

Will sich kein Wild hier erheben, Wildbret ergeben?
«Wir hatten schon üblere», spricht

ein Niemand zu einem Niemand,
«üblere Zeiten.»

Automatisch – es geht von selbst. Ausbeuten ist alles.
In Gang bringen. Zur Selbstfindung. Was für ein

Unding. Unsinn. Sinngeding. Dingen, sich ver-.
Eine Reihe Enten im Gänsemarsch.

Tanz aus der Reihe,
Widersinn, Sehnsucht, Elmsfeuer, Hexentanz.
Scheunen verwildern.

Die Post brachte den Drucker mit.
Die Kuh bimmelt, das Gras liegt gemäht.
Derselbe hat wieder den Müll verbrannt.

Garnrollen, Zwirnsterne, Nadeln und Hirschhornknöpfe

Sonne auf der hinteren Wand.

Beine machen sie einem beim Drechsler, Glasaugen
blasen die Glaser.

Glaser im Erzgebirge, unter den Schieferdächern.
Hinab, hinan im Gebirg ist der Gang.

Voll Glasaugen Ochsenkarren. Die weiteste Fahrt –
bis zum Rhein.

Mit Besen heim, mit Besen, Bürsten, Pokalen heim.
Kulturindustrie.

Fuß für Fuß setzte zart auf Gras, Erde, Stein
die Eierlies, trug den Korb auf dem Kopf.

Sonne auf der hinteren Wand.

Kunststoff

Eimer, Eimerrand, so lange blieb er,
der Milch-, der Wasser-, der Zink-Eimer, nun
stirbt er, und der *Tropfen* an ihm, im *Ozean*,

unter der Menge, der Schwemme, Woge.
Myriaden, blindlings, *wer sind die*. Schwach ist
eingezeichnet dem alln, was

an ein Gesicht erinnert von fern,
schwach ist: fein, geschwächt: verfeinert; triviale
Pein; *Sichtbar*, *wie du es [...] seyn kanst* ...

Zurück & hin – Worauf die Gründe gründen

Das Knie das Reh das Unterholz & Sicht.
Eine andere Gewähr wohl hatten sie nicht.

Von ihnen war es ein Aufschaun?
Von uns ist es Absehn / Ermessen?

Übertragen hin & zurück.
Es ruhen lassen? Auf sich beruhen lassen?
Lust werden kann das nicht.

Die Mutter & er, Sohn,
die Mutter & sie, Tochter,

oder welche Alemannen auch immer,
mit Eimern und Sack & Pack.

(Der Werdegang, die Völker-
Wanderung)

Das «Gras» vereinfacht es pompös
mit seinem Grases Bild.

Wörterbuch

Tellerstoß, gestoßen, aufeinander, hoher
Tellerstoß

Schublade, geladen, Schub geschoben. Zogen, schoben, Besteck, auf, zu. Warum Be-? Und Tisch-

-tuch, insbesonderer Brauch, zu brauchen Tuch. Wasser
Waschen Wiese Leine Mägde Lauge Waschbrett Arme
                                                            Bürste
                                                            weher
Rücken Leine Kaiserwetter Mangel Bügeleisen Schrank.
Kantengerade Stöße noch, wie Erntesegen. Damast.

Bündig, den Sack zubinden (Pointe)

Den Sack wegstellen, sich den neuen
greifen: auffalten, öffnen, füllen, schließen und
wegstellen zu den andern …

Oder rückwärts (angesichts der Dachsparren auch):
den Sack öffnen, das Gut verbrauchen, den Sack
weglegen, gefaltet,

oder reinigen, flicken, freilich woran mußt du denken,
woran dich geben: den Himmel nähen usw.,
bis er lückenlos sich

wölbt. Gewiß doch, es hexte
die Texte die Hexe, schütterer
Haardutt, blauweiß.

Tür Tür die erfundene Tür Die
übertretene Schwelle

Die Fenster Die der Üppigkeit wegen
ausführlich geschmückten

Giebel Liebe Das Zeugen Geburt
Das Saugen und Säugen Blut

vom Herzen zum Herzen Wie ein Rotwild
bildet der Wald

Zimmerer Balken
Eintreten in ein Haus die

abgetretene Schwelle Wie der Wald
bildet Es dunkelt wird hell Es summt

die Weisheit Farn dem schwarzen
Boden dort unten Am Bach

* * *

Sekunde Wolkenrand Lüge: die Tischkante ihr
untadelig verweisendes Besserwissen

In den Raum den verwahrenden
Tünche tragenden

Ihm gleich auch schweigt wenn du aufwächst
die Schale Licht um das Haus

Gezimmerte Mienen Eltern teilsam Die Stockwerke Zeit
Die Blätter Wind Aufrechten Stämme Encore une fois

Ruhelos

Kleine schrumpelige Beere. Herzpunkt im Herbst.
Vom Ende des Sommers aus die Straße nach Meschwitz:
Rückzug.

Ein rundes Dunkel hinunter rollt zu den Füßen.
Vor dem Ende des Bleibens stehn die Halbschuhe wartend.
Gekleidet in Warten, unabweislich, Vorhersicht.

Wie erträgt man, was wird?
Man weiß es nicht. Weiß es zu wenig.
Hat anderes, sich Überhebendes.

Noch hält ja auch Laub, noch wächst etwas.

Sich aufgewacht vorfinden

Kurzatmig, nicht ausgeschlafen. An-
steigender Morgen. Vorgänge vor der individuellen Tür.

Tür-Punkt Schloß, der das Individuum ab
-schließt. Schließt – fertigt; ab-

geben wird hin in das Anhebende.

Kurzatmig, ein Ziehen, Fließen, endend sogleich.

Die Miene her zeigt
die Kante des Fensterbretts.

Ich sitze auf einem Grasstreifen, die Beine ausgestreckt, quer. Er ist lang rechts & links, im Ganzen 40 m vielleicht. Ich sitze im rechten Winkel zur Länge, die Beine nach vorn ausgestreckt. Hinter mir stehn auf der Grasbreite Bäume, in Reihe. Dahinter fällt die Welt ab – zu Acker?

Vor mir endet es stufig – da ist ein Graben? Ich nehme Platz, es wundert mich wohl: die Rasenbreite genommen als Bank. Auch noch, während ich schon sitze, nehme ich Platz. Ich sitze, aber die Beine sind ausgestreckt. Sie sind ausgestreckt, aber ich sitze – und nehme Platz.

Akkurat diese Weile, gewesene Weile rückt mir aus der Kindheit wiederholt in den Sinn. Von sich aus. Wie gerade eben, da ich – unter dem Nähen – eine Abfassung Stumpfsinn oder – Beharren sichtete.

* * *

Mitten in
den sprachlich-gedanklichen Luftfängern bleckt
der Feind sein gelbes Auge, sakra.
Mitten in dem pappelnden
Laub. Auge im Laub!
Tigers Laub!

Der böse Wille, leibhaftige!
Des, nicht von mir!, Beleidigten!
Erbost will er haben von nacktem Fels:
Wasser, Erdbeeren, Wildschweinbraten. Seine
Mamma!

Die Mamma streicht ihm das Laub aus der Stirn. Sie –
ist schon Luft, der Tiger verschlissen, bekörpert nurmehr
einen dürftigen Anschein seiner Idee,
durch ihn hindurch sickert sie.

Erfundener als er ist mein «Mitten in».
Das Zentrum, der – in den Luftfängern – Punkt, der
lenkt meinen Blick.

Man weiß schon, wo man zuerst hinwill.

Sekunden, Sekundenheere, Geschwindigkeit, Schwarm.
Der im Tempo winzige Blick des rasenden Wilds,

im Rudel, in Reihe, sausendes Rechts & Links.
Eine Existenzform von sieben. Dreizehn.

Ein Etwas von diesen Formen heißt Reh.
Ein anderes Etwas ist die Sekunde.

Wer bleibt zurück? Das Haus. Bis es ... Nein,
es steht noch, Gesträuch wächst,

grünt in ihm, wintert, wächst an ihm auf.
Es steht, war ein Brand? Das ist wahr:

Steht. Ist geräumt.

* * *

Ordne etwas, ordne den Fahrradschuppen. Er faucht. Hör.
Ein überirdischer Keller. Gehobener Stand. Sonnen-
beschienen.
Was an dieser Wendung ist falsch. Erörtere.

Es wird zu heiß. Die Jacke jetzt ausziehn. Sofort.
Zwölfe machen das Dutzend voll. Benennen. Ordnen.
Daß Du hast, wie Du den Fuß hinsetzt.

Nämlich nicht wie ein Fuchs: schlicht schleicht.
Feiner Fuchs. Schleicht. Kämme dein Haar,
es richtet sich nach dir.

Idyll

Auf einmal höre ich den Vogel im Baum. Die Spülmaschine ging wie eine Erntemaschine. Der Morgen war fortgeschritten. Ein Auto mit Gras, Erde, sich selbst. Wo ist meine Uhr. Ich schreibe im eigenen Schatten.

Nun ist es still.
Wie erzeugt das vogelîn diesen Quetsch- oder Wetz- oder Kick-Laut?

Aus kleinen Kicklauten wirft es einen Schwarm um sich. Sie ergeben einen Schwarm, denkt man die Perlenschnur Zeit nur weg. So können die Tiere nicht denken, aber wir stellen Dinge her, richten ein, konstatieren.

Überlassen

Ja, innere, innere, nicht wahr, Unruhe, Stimmung, alles
im Sprung, Sprung wohin, der Sprung ist ein Teil der Katze;
dieser springende Blick, der inneren Sprung-Teil-Katze,

des schnellenden Tigers, schönen Stromlinienleibs,
der einst Wasser war. Und
«Bedingungen».

Es war aber spät, hochbetagt, ging, kam
um keine Hoffnung. Nur die Frau. Einige mischten sich ein
wie der Fisch das Wasser mischt. Der Alte sagte:

Es kann nicht sein, daß sie nicht wieder wiederkommt.
Verloren zu geben ist. Sie sagte doch: Es ist schön hier.
Sie hat einen Sinn für Schönheit.

Sie sagte das im Obergeschoß, vor dem Eckfenster.
Sie kommt wieder. Ohne sie bin ich nur
der eine Flügel. Und wo ist der Vogel.

Aufgeben,

ununtersucht sein lassen.

Rehs, Hunds Geradeaus-Blick.
Spitz – der Kirchturm.

Gänseanger. Kohlrabi-Blätter.
Die Schar, die Nicht-Schar.
Dorf oder Nicht-Dorf.

Das nichts anderes als.
Was ist, und zu welches Geborenen
Ende, Widerspruchsfreiheit?

Und sich herausgeputzt haben.
Jeder Knopf zählt. Sterne – die Zier
des Himmels. Dann, wenn er dunkel ist.

Rehs, Hunds Geradeaus-Blick.

Vercingetorix,

Keltenfürst, führte die Gallier gegen Cäsar,
aber sie will hier, vermutlich, zu Thorax, Thorax
verformbar von Drücken, ach,

ach, warum, warum nur, nun klage du, Reue!
Du Unklug, Unklug, nie recht was ihr guttut,
unleserlich vielfältig dies, vielfältig das,

vermutlich möchte sie, sollte sie
einfältig sein? Oh nein nein, klage, ach, eingedrückter
Brustkorb, eingedrückt ist wie im Getriebe verbeult

ein Eimer, der Tritte erhielt. Roh. Zink-Eimer Tritte.
Führte sie zur entscheidenden Niederlage, aber will hier
hinaus auf Thorax: Reue, dies ist dein Leib.

Kaum jemals aus dem
Gebrodel, Gemisch, Geschiebe, Gestock,
und nun zwar aber nicht nur aus

– gewissenlos! – Währendem, oder prosperierend!
und etwa auch «frisch grünend», blühend, (*grüner Ast*)
(*alter Kirschbaum*) (Unerschöpfliche, ihr!),

sondern gleich dem ja auch aus dem Möglichen
und dem Gewesenen und dem möglich Gewesenen
und dem Unmöglichen und dem unmöglich Gewesenen

heraus
kommst du – Blickschicht! –
frei kommst du nicht!

Selbst in der schwachen Sprühspreite, Blickschicht,
eines eben erst beendeten Niemals: Löst du

ein Nie
zu einem Jemals? Kaum, kaum …

Firm

Früh genug in die Wege geleitet.

Ehrenpreis Straßenbahn Sebastian
Pennälerwürde, und – -stolz.
Knorrige Rinde Knie.

Das kleine Unternehmen stiefelt,
nämlich auch schon, festes Gesumm.
Rauhe Rinde Bach Knie.

Festes kleines Ding samt Seele.
Ehrenpreis blaublühend Straßenbahn.
Am Familientisch bewährt.

Früh genug auf die Beine gebracht.

Mir nichts, dir nichts
Aus der tauben Schicht

Wörter aufsetzen. Wie Füße. Ins Wüste. Und

wie ein Wort hört / unhört auf den anderen Klang.
Glockenlocken, Schafherde, Schafherdengang.

Bis der eigene Geist, deiner / meiner, erweh
sein Integral / ein Integral, die Idee,

gleich der Pflanze sich sammle aus Luft und Grund.

-er! – Töter als dies
ist viel.

Zellen
– zu lebende Winkel, auf sie
verfallen, es brennt,

oxydiert, flammt, schwelt
der Weg, die vorgezeichnete
Spur nicht nur

(Zellen – zu lebende …), Zünd-
schnur nicht nur, auch – erübrigt –
ihr Bild, Bild seit je, hinweg

über löschende Treffen brennt
das Perfekt, Fazit; sein Zutun zur
Windung, Wendung, ein wenig

sie zu versehen aber –
aufmerksam neuerdings – kühlt auch,
der gespendete Trost.

Spiegel

Das muß nicht sein. Umkommen. Umhin-
kommen. Nicht. Der senkrechte Flügel Tür.

Es waren schöne Tage. Heiter.
Es war heiter.

Der Berg – eine sanfte Kuppel. Sanfte
Schädelwölbung, von unten gesehn.

Ein eingeschlossener See. Wasser-Unruhe.
Die Seele Wasser. Unruhe ist

mein Blick auf den See.
Der See scheint unergründlich.

Eiszeittief. Doch auch die flachen, die Teiche,
beruhigen nicht.

über die zeit hin

das wuchsmaß erreicht:
die knochen und muskeln. unwissentlich.
auf und ab. gestrafft und entspannt.

während der kirschallee.
während des ackers der hohlweg neben dem acker.
der kirchturm spitzt aus den hügeln.

engel unten.
pflückende engel.
in flachen schachteln die heidelbeeren.

Boot Schiff Angeln Waisenhaus Kirchturm Bus
Segen Verwünschung Gemurmel Vogel aha Vogel
Weiß vor den dunklen pfeilend Berge

Berge & Abermals-Berge!
Hotel Hotel Albergo Nebelkehlen
Wäre ich Wäre ich: wäre ich furchend er Der:

Abermals Wiederholung
Furchend eine Erde Pflügend einen Morgen
«Salve! Gute Verrichtung!»

Ursula läuft läuft Ursula läuft Wogegen Gegen die Berge
Bus Kirchturm Warenhaus Angeln Schiff Boot Geländer
Segen Gemurmel An der Gebirgswand Vogel

Oben,

Tag um Tag Stunden
steht er, Posten

vor der ragenden
Lomonossow-Uni. Einsam.
Auf dem obersten Treppenabsatz.

Er weiß, und sein Leib
weiß mit ihm, was er trägt –
Riemen Schulter Kolben Flanke Gewehr.

Blickt hin über, überblickt
den langen Zugang

Kiesweg rechts links zwischen Gärtnerbuschwerk.
Blickt, überblickt.

Jetzt (was ist «jetzt» – seinerseits?!)
hat er die drei

– Leute! Irrgänger! –
schon auf der Treppe;

vom Hintern her dreht er den Kolben vor:
ihn zwei-, dreimal vor dem Bein
schwenken, heißt,

nein, weg hier, geht, geht!

nicht an sich herankommen lassen.
Was?

Schaufel die Haut frei, Gebetsmühlen plappern.

Bach. Lauf. Bach.

Wirft eine Regel es aus, soll es gut sein?
Kommt es regellos auf, soll es schlecht sein?

Ich weiß die Eigenart noch.
Meine, die hiesige leiblich.

Blatt Rand Blatt. Meine
eigene Haut.

Zypressenzier

Die Bank, Bank vor dem Haus,
Regen vor der Bank.

Fliesen und Rasen geeint.
Steinkante, die den Hang hält.

Dies Oben hier gleitet wie leicht,
leicht ineinander. Gleitet.

Ein Fließen. Gestillt.
Harte Erde, ein schmaler Rand.

Nimm sie wahr

Geh zu ihr, vielleicht ist sie da.
Ist sie da, als ob du sie antriffst.
Leibhaft. Wie Tag Nacht Tag

unausbleiblich. Behellige sie nicht.

«An die Stille.
[…] In des Chaos Tiefen wohnest du.
[…] In der Stürme Land, wo schwarz und wilde
Das Gebirg im kalten Panzer starrt.»

Laß sie kommen von ihr.

Welch ein langer Weg!
Langer gewundener Weg,
vielleicht Lücken.

Warte auf sie, verfehle sie nicht.
Ein klein wenig dasein laß sie.

Als zwischen den Wolken ein Loch war, trat sie hervor.
Zwischen den Büschen und Bäumen erschien sie.

Öffnete dir die Tür, eine Frau 1600 im Breisgau.
Elsbeth. Sie war jung, sie nähte und schrieb.

Trat hervor in Sandalen. Öffnete, lächelte.
Setzte Teewasser auf, trank mit dir Tee.

Spülte die vorigen beiden Tassen.
Blieb und trank mit dir Tee.

Die Woche war Montag bis Sonntag.
Das Wasser im See stand grün.

Cadenabbia

Was willst du? Was hast du vergessen?
Nimm es leicht.

Das obere und das untere Haus.

Über dem Bergpfad die Ziegenherde.
Wie sie sich folgt und sich läutet.

Auf der Höhe der kleinen Kirche.

Langmut. Erbarmungslos harte,
steile Wege hinauf.

Zur steinernen kleinen Kirche.

Bestandteil, Zutat

An den Schrebergärten
reibt sich die Blickhüfte wund.

Gewißheit ins Blaue. Uhrwerk
Schränke und Schraube.

Was ist geschehen seit Jahren
zwischen den Vertikalen?

Ranken aber und über.
Akustiken über und aber.

Jemandes Hunde bellten.
Da geht wer, mit Schirm, wie geblasen.

Die Haut wächst nach und schuppt.
Klebe das Hörgerät. Nichts

an Pantoffeln, nicht einmal Preise.
Pathos. Drähtegewirr.

Weiher Libellen Mutter.
Mutterseelenallein in Berlin.

Postbote Briefkasten Tür.
So treppenallein.

Die Wolkenwand Schwirren
Ein Schwirren.

Libellen Brief Weiher.
Von Tauben

Schrittchen kratzen
das Fensterblech.

Abgefüllt blinder Blick in
gesättigter Luft.

* * *

Mit den Tagebüchern durch die Steppe,
allen Tagebüchern durch die leere
Vorwärtssteppe,

mit den Lebenstagebüchern durch die
Menschenleere ohne Sonnenaufgang,
Sonnenuntergang zu Alpenfelsen,

Rauschehainen, Murmelbächen, Hirschgesängen,
ohne Rechts und Links zu sehn durch nichts als lauter
Steppe, leer von Bahnhöfen, mit ihnen.

Gleichlautend fährt in Pferd

Ein aufgeschrecktes Pferd,
fährt aus dem Bett sie und:

Trab Und Rennen Und geprescht
Die Pferdeseele Seele

zischend aus dem Bett
Seele wie ein Pferd
besessen Jagend

aus der Ruhe & als
gäb es keine

Keine Ruhe im Galopp

*

Ja schon der Paß Gang

kennt nichts anderes
als Trott. Nach ihrer Meinung
sind die Hufe pflastermüde

sind auch Tritte oder Steine keine
Augen die zum Schauen taugen
wie im Kopf die Augen

Der Fuchs stubst an die Treppe
mit der Nase. Unten. An die Treppe.
Nein, beim Treppensteigen. An die Stufen.
Stubst er.

Prüft er? Sucht er?

Denn der Mond scheint wieder.
Mondlicht steht mit hohen Palmen.
Hohe Palmen teilen einen Strand.

Liege im Gebäude, träume
einen Fuchs,

und bin im Hause wohl die feine
Füchsin heimlich, nehme Anteil,
träume die bereite

Treppe draußen, Kanten, Kömmling,
nehme Wolken, Palmen, weiß den
Mond, weiß Wasser, einen Strand.

Gehe zum Balkon hinaus und warte,
warte meine Weile an der Brüstung.

Was ich besser weiss, heisst Frühling

Das Scheunentor der Scheunenboden der Balken oben.
Balken quer und Balken längs, der helle Eimer
unten auf dem erdenen Boden.

Die Birke, Birke an der Scheune schlicht, im Märzlicht.
Die Scheune mit der Birke neben sich. Die Schlinge.
Im Traum doch nicht. Im Traum doch.

Das Scheunentor. Das Scheunendach. Der letzte Gang.
JaJa. Die Form. Der Hocker. Eine Leiter. Knüpfen, Sprung.
Man weiß es nicht. Wie anderes auch. Es ist nicht wahr.

Ein Frühlingswind. Draußen am Fuß. Der sichere Tritt.
Getauter Boden. Wärme kommt. Das Jahr kehrt um
nun wieder aus der Kälte.

Der Schnabel selber schreit. Der Nasenhöcker
Knie des Schnabels schreit – beinahe: zetert
gegen

die stummen Felsen Die bloß stehn.
Gegen die Brandung. Gegen
Blütenweiß

im krüppligen Geweih
der Kirsche Geäst ist hier Geweih.
Gegen das grüne
Gras. Gras hier

ist das Haar der Berenike. Nüstern
überm Schnabel Schnabel selber
Held hier selber
Adel

Reigen

Es ist warm. Wir gehn draußen im Kreis und singen.
Ich habe Geburtstag, 18. Februar, werde ich acht?
Die Eltern sind fort, verreist …

Ich bin schön mit dem Stoffblümchenkranz auf dem Kopf,
Sonnenschein auf dem kahlen Rasen, der Winterwiese,
ich sei schön, sagt sie, die geliebte Fremde,

die Herzmund-Stimme. (Soeben tauche ich ein in das Glück,
es ist Magie, Schmuck ist Magie, seit ewig:
zaubern, bezaubern, zielen).

Leitung,

die Ahne, der Vorfahr, die Röhre, Rohrpost,
zur Welt, aus ihr.
Mündung.

Und Fließen, beruhigtes Wasser, die Rinne,
die Stadt und das Fließen. Oder das Tal,
Bächlein des Wegs, seiner Wege.

Blinkend, murmelnd (wie es heißt)
den Lauf. Vorauf,
uns vorauf.

Soweit es langt, solange nicht
der geleitete Sinn zu Ende ist,

läuft, rinnt der Sinn, das Sinnen hin
zu Zuruf, Ruf, Reiz

allerwege. Wegwarte, ehedem
ländliche Wegwartenliebe.

Eros

Soldaten – Blumen in die Vase – suchen
mit den Stengel-Enden nach unten: Nomaden, Tiere –
die größere Natur, weitere Natur, die Weite –
machen es ihnen ja vor;

Frauen: Fahnen nähende Engel;
das Stopfei, schau, die Kanne daheim –
Bartlose freilich gewesen, jung, gewesene Söhne – suchen
den bodenlosen, den Vätersinn.

Kalt. Aus dem Stand. Stichproben. Natur-
Wissenschaft. Das Gehen des Gangs. Gehender
Gang, Ohne mich. Gehensgang wie ohne mich
zwischen Lesen und Schreiben.

Wie ohne Wahl.
Verharren. Beharren auf. Ich habe recht.
– So ist jemand da?

Die Kieselreihen am Landweg.
Die lebhafte Folge der schwarzgrau gesprenkelten Kiesel.
Zeigt sich. Ungesucht. Ichlos. Unfern das zarte
Wegwartenblau.

Schein und Schatten

Habe ich gemeint, ich müsse Gebirge abtragen?
Nein. Nur sehe ich Gebirge fraglos ragen.
In die Luft.

Das Auge erhält eine Schneide.
Einen schneidenden Rand. So entscheidend,
daß das Massiv ein wenig nieder

sich senkt, wie es scheint.
Gut so. Blindsehn. Blindsehn, notieren.
Gut gewartet. Es zeichnet sich ab.

Es fragt sich, welcher der Schatten ist:
der des Bergs oder meiner.

Gänse hüten

So sie sind Gras wachsen machen
Kante der Ecke der Scheune Pappelgesicht
Holzzug zügiger Wuchs Die weißen

Teile Gänse hüten
Vermutlich im Acker Stoppelfeld hüten vorm Fuchs
oder Gänsemarsch zurück in das Ihre

Die Gänseliesel Ich ging
mit den Gänsen wieder So regnet es nicht
wie sie sind Wie ein Tier hat sein Maß

Ein Haus ist unsers Haus Haut Himmel Und
der Waldrand entfernt Entfernt ist entfernt worden
Gans und verteilt ist auf einmal wieder

Gänse im Stoppelfeld Hüten Ist gleich
diese noch einmal Gänse

Wache ich auf? Wo sind
meine Umstände? Ringsum? Das,
was zu sein hat?

Der Fels (nichts als Starrsinn),
der Adler (Geschäftsmann)
(leben und leben lassen),

das unten aufbrandende Meer
(unaufhörliches Hin & Her).
Und besagt weiter nichts.

Wie gehabt? Hält es an,
und ich – wache auf?

Unwirsch, doch was meint das «Hund»?

Mißmut. Hund. Die Augen klären sich.
Der Mund, der eigene Mund

so vorgeschoben und verdrossen wie verschlossen.
Die ungemeine Unwahrheit der Position,

der ungemeinten, der – Setzen, Stellen, Legen –
eigenen ungemeinten Position,

ja allenfalls die Osterglocken, die wir ja auch fast
lieben, und die Gladiolen – Gladiolen

wiederholen. Nicht hierher! Besänftigung dann schon,
bevor der Mißmut noch ins Einvernehmen kam!

Inhaber

von Funktionen, Unternehmen, Würden & Vermögen
sind gefährlich – oder nicht sie, ihre Inhabe nur? –

schlechthin gefährlich für die res publica,
wie für den Menschen, sagen wir, Bären;

weißt du, wann er gereizt ist?
Er ist ja dann nur gereizt,

sonst aber friedfertig, harmlos (unschuldig
wie du) schlichthin:

der Schrank ist gefährlich,
nur schon, weil er existiert,

und sei es als Lufthauch,
warmer, leichter Sommerwind

oder fallendes Blatt,
das ist gleich,

so wie es ist, so gefährlich ist es,
tödlich, bringt um.

Ein Unterkommen finden.
Ein solches nicht haben und nicht entbehren können.
Ein Kleinkinderstühlchen taucht auf
da unten. Gerunzelte Brauen.

Als ob es – Als sei es – Als habe es
eines gegeben.

Gefügt. Verstand von Hand.
Die kleinen Lehnen, die Sitzbrettchen.
Die Seiten. Der Rücken. Gefügt, die rechten
Winkel, das eigene Maß.

In der Frühe

Morgen
Morgenglocken
Morgenglocken wach geworden
da und dorten Morgenglocken wachgeworden
Freu' dich! schon sind da und dorten
Morgenglocken wachgeworden

(Gedächtnisschritte auf dem Weg zur U-Bahn)

*

Schonen. Schonend. Schonender Umgang.
Schönend, schönen, schönender Umgang.

Sein Leben lang fragt sich der Kirschbaum,
ob er der Kirschbaum so ist. Es bedrängt sich.

Nun laß ihn, die Margerite tuts auch.

Gelegentlich schaut die Figur nach,
ob sie diese denn ist.

für Richard

In den Rücken geschossen
ist ein mündendes Wort.

Lindenblatt Rückenschuß Wort.
Sie ertragen es, sie sind Mütter.

Es ist nicht wahr, daß es nicht verwundet.

Schau, es setzen sich Stockwerke auf.
Es geht zu mit rechten Dingen.

Rückenschuß Siegel und Schluß.

Ein mündendes Wort ist
in den Rücken geschossen.

Sie sind Mütter, sie sind unterwegs.
Mit den Tragetaschen und Stirnen.

Es ist nicht wahr, es erlöst auch.

Ich bin mehr
Ich bin viel

Wo Nicht hier
Wann Nicht jetzt

Margeriten Wiese und Bodenwellen
Ein vertrauter Anblick

Ungemindertes Licht Ungehinderte Sicht
Das Thema bis zur Unkenntlichkeit …

Überhaupt:

Daß etwas heißt.
Etwas ist und hat einen Rand.
Korbrand. Tellerrand. Zimmerrand gleich -wand.
Horizont. Ringrand gleich Rand und Mitte.
Daher rund (oder umgekehrt).

Ein Dreieck hat eine Mitte? So?
Eine Mitte braucht einen Radius. So?
Randfigur, freilich. Figur in der Mitte – wie?
So sehen sie es. Wer? Unscharfe Ränder, Ehe-
Rand-und-Band.

Je nachdem

Heuwagen – die Fuhre weg
                    die Fuhre hoch – entlasten
oder

Lebenslust & Waldrand-Bucht die freundliche
& Fischverkäuferin

Ob etwas sich denn
Weisheit reife Früchte runde gute

Lachen Tore
Eines Eises

Leiter Luke Schornstein
Lachen Wie die Jagd war

Fischverkäuferin dies herbstlich

die hohe Fuhre Juni im April

Im Unterholz. Was weiß das Unterholz.
«Da sie das Reisighaar aufgeschichtet jetzt trägt»
«Margret, die vor die Tür tritt»

Das Untere zufällig aufdecken.
Es agiert von allein. Wie das Obere steuernd.
Das Obere schützt es nicht.

Weder es es noch es es.
Und einmal nicht: Konkurrenzbetrieb.

Typ: Wie erhalten wir die Ressourcen.

Es kam darauf an

Anwürfe mit das Thema zerfressender Säure
mit das Thema zerfressender Säure

Konkurrenzkonferenz
das Thema bis zur Unkenntlichkeit

«Tiere» «Bestien» «ätzend»
Das Thema auch war schon kein Thema mehr

Noch ehe es aufkam verschandelt

Meditation

Ich stehe, mich zurückzuholen, – wäre nicht besser: gehen?
So handelt und wandelt es sich. Mich einzuholen. Viel Lust
im Denken an draußen, draußen vor Augen. Kronen.
Was zwitscherte ich, wäre ich Vögel!
Mir mißfällt ja nichts.

Gehe ich wirklich? – Gehe und halte mich,
Intervall, ohne Abwehr.

Chance

Das Boot / Schiff (?) flott bekommen, Floß.
Floß flott haben. Das ist der Mississippi. Memphis.
Das ist ja haben. Haben aber kann nichts.

Memphis. Elvis. Auf dem Postament sein Cadillac
plus hie das Sportflugzeug plus da der Jet zum Andenken,
der Cadillac steht rosa. Haben aber

kann nichts. Haben tut nichts. Floß flott
– s'ist der Mississippi, Roggen-, Mais-Whiskey,
der Väter Saft. S'ist Quintessenz, der Väter

feiner Saft. Aber auf Haben setzen, stellen, legen.
Nicht auf nichts. Auf nichts nichts geben. Singen.
Haben bringt nichts, kann nichts, tut nichts.

Im Bringen kann das Haben man vermeiden.
Haben meiden. Richtig! Es nicht können leiden.
Eine Wahrheit ohne wenn und aber. Nicht behäbig.

* * *

Niemand kann nicht ans Werk gehen.
Gehn und gehn ist schon Niemand.

Es geschieht, was sich schickt.
Habe am Haus den Strauch mit den Hagebutten erblickt.

Versuche und wieder Versuche, das ist die Existenz.
Der Hund trägt den Stock. Der Schuppen verwittert.

Er läßt den Stock, wühlt mit den Pfoten die Erde auf.
Erregt sein Herz wohl so schnell wie sein Sterz schlägt.

Gehn und gehn ist schon Niemand.
Niemand kann nicht ans Werk gehn.

Ungehinderte Sicht

Hilf mir hinauf ist Ich
Ich Bin also Tue nicht
Tue nicht also Bin

Bin bereit

Bin bereit ist gleich Unten
Unten ist gleich hinauf
Hinauf ist gleich Hilf

Wie die Eisenbahn ist das Gelände

Bereit ist gleich Hilf
Bin ist Nicht, gesehn unten

Hilf ist Nicht minus Bin
Bin ist plus minus Hilf

Hilf ist jemand am Ende

Draussen fussen

Draußen. Fußen. Um den Kopf ein Strahlen.
Viel Meinung, an & für sich. Vogeltöne.

Von der Nacht noch geschlagen, dem Nachtmahr.
Es ist Sonne. Herbst. Füttere das Waisenhaus ab.

Als heiße es nicht mehr Waisenhaus dann.
Säure-Schauer, gehabter Respekt, bleich beharrt die Fassade.

Die kreditierte Instanz. Möchte denn wer eine Waise sein?
Yes, ja, oui, si meldet bunt mein affirmativer Hund.

Aber doch die Figur, steht.
Und die Stricke von oben, sie wären.
Im Freien. Viel Laut. Gib keinen Ton
in den Mond.

Mann mit nur schuhhohem Hund.
Viel Kränkung in diesem Mann.
Was geht es mich an.

Es geht mich nur. Geht mich.
Ich stehe.

Die Leukozyten brabbeln:

Tragische Fährte, tragisch.
Fährte, Fährte, willfährig

dem Schaden. Dem Schaden folgen.
Folgen dem Hang, Niedergang.

Die Ableite abwärts wie Wasser.
Die Hauptstraße vorwärts, verloren.

In Niedertracht Schaden geladen.

Hinter dem Gerichtsgebäude

Das erste, was du triffst, ist mein,
sage ich zu mir und bin beide.
(Ich, du, es, insgesamt 3).

Ausatmen, einatmen so; wie man müde ist.
Flach atmen wie im Schlaf
(der Atem gleitet).

Schultern. Maße. Die Leiter. (Sieh an!)
Ein überständiges Läuten, Kirchenglocke, jetzt zwei.
Das Grundgeräusch – Autos, verschobene Teile Brandung.

Warum bist du so müde, Person?
Patientin. Ich sehe nichts, gehe zum Nettelbeckplatz.
(Der Name weist auf Schiffbruch und Bürgerwehr.)

Ein Hund, schlank, schwarz, Hündin, die klugen Augen.
Eine Frau mit schwarzem Tuch, steht, ruft,
links ein Kind.

Der Schal ist es, der beidseitig mehrfaltig zipfelnd
im Rücken herabfällt, königlich, Türkin.

(Spüre mißmutig in meinem müden Fleisch
die Unstimmigkeit zwischen König und Türkin)
(den autistischen Wortmuskel König).

(Als sei er ihr angetan).

An der Brücke unten im Wasser die Entenschar,
grüne Köpfe, weiße Schwanzränder: Erpel.
Sitzen im Flachen zwischen dem Laub.

Eine böse gerunzelte Frauenstirn,
links Kind.

Eine andere Frau mit trippelndem Spitz,
in welchem Takt läuft er?

Acht Minuten (und sachte)
per Rad noch zum Urnenfriedhof.

Kanon

Ein Bild ist kein Wort.
Ein Ding hat, benannt, einen Ton in dem Namen.
Ein Ton ist ein Ton, weil es andere gibt.

Er ist ein Zwitter aus Nehmen (Herkunft)
und Geben (neue Evolution).
Erbe der eigenen Evolution.

Ohne jenes & dieses ist er kein Ton.
Ein Wort vielleicht, virtuell tonlos, ein
schwungloses Zeichen für Schwingungen.

Es ist mir eingeprägt und bleibt

ein Eisengeländer, eines Brückchens, rost-
rot. Es regnet. Wind und Wetter eben. Im Lande
draußen. («Draußen im Lande»!)

Mennige (Bleirot), ab-
blätternd. Rost ansetzend. Pusteln.
Seine dürftige Dauer, eine Dauer

unten, unterst im Tal, über dem Wiesenbach.
Zum Brückchen die Schritte, Leute, Familiensets,
Hund, Stock & Hut ein Greis.

Alle Frühlinge Schaumkraut und Hahnenfuß.

Bis ichs verliere, steht es dort,
sich eisensinnig zu fristen.

Ortsveränderung, ein wenig unheimlich (doch gewiß
unheimlicher als der Tod). Nicht vertrauenerweckend, wie,

tiefbraun, Seitenansicht, bißfest, Schokolade
jetzt sehr verläßlich zu sein signalisiert.

So ist es, fürchte ich mich? Pferde, ein Fuhrwerk, & ab
durch die Prärie. Film. Praxis. Die Meinen. Meine Guten.

Ich Guter. Meins. Fahr das zum Markt. Pferde vier.
Vertrauen. Ruhe. Das ist. Austausch: das wäre ich?

Wie könnte es zugehn, zum Bahnhof, Airport zu fahren
verständnisinnig?

Im Hotel memoriert

Längs: Ochsenrücken, der eine, das Paar.
Schafrücken. Eile, pfeilgleich: Mausrücklein samtfein.
Und hin und her. Nicht? Gänse, Gansrücken, aber:

Sie selbst blickt beidseitig wachsam jeweils.
– Dieser mein atmender Blickfang, als Kind,
kehrte den Rücken nicht senkrecht, Huhn, Hund,

Katze, Ziege, Kaninchen, die im Stall parallelen
Kühe oder, in dichten Strichlagen, die Schafe,
rückend auf Stoppeläckern und Wiesen.

Menschen, als sprächen sie statt ihrer Esel,
reden von Last und Tragen, Mühsal.
Waagerecht werde ich schlafen.

GESCHEIT

ich gehe nicht vom fleck.
sprießender sprießen mir, blühen, fruchten
umkehr, kehrreim, kehraus / kehr ein.

von floren durchzogen, hort, hortus.
ameise, unter-

wegs.
die zeit eines ortes heißt ewigkeit.

In Wien befremdet

Hinter dem Südbahnhof sieht es sowjetisch aus.
Diese Spezies Germanen fältelt ihr Täschlein nicht?
Duldet, was ist? Lange, nackte Blößen?
Stalinsteppe, erbarmungslos,

undeklinierbar? Konzilianz nur: Küß die Hand?
Oh, wie weit her kommt wer ins Kaffeehaus?*
Stellt den Spazierstock ab?

Und sind nicht Gespenster die Steinfassaden,
Krämer & Trottoire?

* «Die westlichsten größeren Steppengebiete findet man bei Wien.» Gelesen am 25.8.07 auf einem Schildchen bei Grasbüscheln im Botanischen Garten von Erlangen.

Dies ist der Montag. Das eigene Bett.
Das eigene Bett mit der Schwitzkur.
Ein hübscher enthobener Montag.

Unerwartet regsam, munter, erbringlich.
Ein draußen nieselnder Montag –
Tagesgesicht.

Keine reißenden Wölfe
heute (ha! aus dem Holzicht, Dickicht).
Wo? Was lauerte?

Stille Weiher im Walde.
Eine Grippe, die drohte –
Schontag!

Es trifft keinen Widerstand

Das undurchdringliche Hellgrau, Himmelgrau
sieht fast aus wie – verhängt über uns.
Es bleibt sich lückenlos gleich.

Siehst du wieder hin – eben wie vorher.
Und sieh in die andere Richtung:
nicht der mindeste Unterschied.

Es drückt das Zeitgefühl. Schmälts.

Die Flußfläche wandert in ebendem Grau.

Liebliche Birken, einige gänzlich entlaubt.

***

Langstieliges Gebirn Hirn flotte
Flagellaten Flotillen und gar Steinbrech
Saxifraga chrysostomos

Kringelhysterien Mutteröden & noch & noch
kröteneiiges Gehex Gewächs Gelege
sonnenlos Unterlicht

Geschwader von
Zellenbötchen selbstlebend linkseinher auch mittig
sich selbstfroh verschleudernde Nierenform

Im Wasser Welten Im Wasser Aquarienwand

Einsicht

Die an die Scheunenluke gestellte Leiter und
das Stroh unter ihr. Unkraut unten. Das alte Lied!
Was? Ländliches Ambiente, wie kann ich so
halsstarrig sein?

Städtisches taugt nicht. Zur Einsicht. Mir nicht.
Wozu, wozu? Dazu, dazu. Ein Stroh-Wort ist das.

Kaum weiß ich den Sinn, noch. Habe mit seinem Laut
nicht mehr Kongruenz als ein Schaf.
(Das Schaf freilich ist das Maß).

Das Wort Einsicht, es ist eine Himmelsspore.
Es ist nicht mehr als der Himmel selber.
Eisenbahn, ja sie fährt.

Im Geäst sitz fest
Kaum zu glauben Pflaumen
Rauben

Blau Laub All
Laub Hand Laub
Rand

Kaum zu glauben Pflaumen
Im Geäst sitz fest

Blau Lug äst-Rest
Laub Raub Mund

Klaub Erlaub Blau Tinten
drift Blindenschrift
fisch *ichthys*

schau anschau Ansitz fest
an ung genug tum
Christen

Welt Krone Wohne Sitz
fest Übung

Post aus dem Off & ins Ab

brevis brevis Sogleich / absenden Wie /
ein Kuvert Welche Wege / Griffe Schüttelschübe /
Scheidungen Automaten / Schicken aus Lücken: keine /
nur anfangs eine / & endes eine / Bordsteinkante / Eine-
keine / Grünstreifenmitte blätterfallgelb / sausender /
Aber/Auto/Tausend / parkender Reihen / von hier
bis Stadtausgang / Ab / Senden / Brief / Hand
Öffner Kuvert / Papierkorb Schrift
Liebe / X, ich –

* * *

Besinnungslos: Gras.
Kleine schwarze Erdstückchen. Spätherbst.

Sitze in der U-Bahn. Unbeteiligt. Kante
freilich des Steigs.

Unter dem Vogelauge – Prärie.
Lebe demnach den Vogel.

Auch schmerzen die Rückenknochen, und:
Ziege, Gemse & Schaf, äsend in Felsenwildnis.

Sie öffnen nicht: Worte, die feststellen.
Schließen / Beschließen. Zusammenhangslos. Oh,
ich liebe das Festgestellte,

das kleine Gestell, das! Denkmal
einer Bewegung, kleine Bewegungsfigur. Um sie umher
ein Meer von Nicht-Figur, oder von anderen (ihresgleichen).

Figur vor den Wolken, weißen oder schwarzen.
Wie haltlos amorph aber prompt auch dies «oder» und
«weißen», «schwarzen»!

Tapetenmuster,

wo sie sich blicken lassen,
wo sind sie denn hin? – sie sinnen,
wandern, wo sehe ich sie?

Denken nach,
gehen weit, weit,
unermüdlich. Und sanft.

Sanftfarben.
Auf mildem sandenen Grund.
Girlanden, wandern.

Von milder Hand, mildem Sinn
selbander ihr Leben lang

der geschwungene Mund,
die braunen Augen und Zöpfe.

Brauchtum

(Es sich einrichten … ta ta)

«Durch diese hohle Gasse muß er kommen.»
Außerordentlich!

Herbstlich, fast Winter! Krähen auf grauem
Acker demnach, Ödland, Krähengemeinschaft.

«Ansinnen» (veraltet, aber diese propere Perfektion!).
(Grazie des krückigen sprachlichen Fakts!)

Gemeinsinn – dorfweit.
Weiblich (während des Krieges).

Gefährlich der Fliegenpilz hinten im Wald &
Wie leicht fällt jemand durch den geschaffenen Durchgang.

Ein Hauch nur ja alles, hauchdünn.

Zitterpapier. Partie. Aus dem Eckladen Original Pariser
Zitterpapier 1853. Yes, Sir.

Oh, ich schneide mich selbst vom Strick?
Das Erstickte & Nichterstickte.

Stoße den Hocker fort.
Unsinn: Stieß ihn fort.
(Fußtritt).

Offenbar wollte ins Licht
eine waagerechte Aktion, waagerechter
Schritt nämlich. Glocken läuten.

Begrannte Ähren.
Ja, den Halm hinauf
kommt die Feldmaus nicht.

Was dachte sie, unsere hohe Frau,
als sie vom Hocker wieder herunterstieg.

Nahm vorlieb
mit dem Scheunenboden.
Standbild.

Durch die Feldsteinmauern nach außen
allseits Gelächterstrahlen, kleine Lachwellen,
Flimmern.

Verrücke

Geh doch auf die Eisscholle: klare Verhältnisse,
geh vom Unort, fort auf die Eisscholle und dann
die nächste nach der ersterwähnten
(klare Verhältnisse). Verrücke
die eigene Position, dort
befindest du dich,
kein Fazit.

Passate, die Eisschollen wandern so auch, das Wasser
wallt, wellt, wogt; kommt nicht mehr auf? Musik?

Die Idee der Idee, Mondlicht, Veilchenduft
(eines Körbchens, am Markt früh, gepflückt
in dem noch nassen Grase, unter feinen
Federwölkchen.)

Oja, mögen die Telegrafenmasten
zwitschern, Elektrokapseln, Beflügeltes,
und unten erfriert der Weg, kontrahiert sich
in seine Indifferenz, du: Schlucke den Acker, Gemüt,
es ist Winter,

du kamst da ja nie zurecht,
der Satz: «Es ist Winter»

war: dir
stürze der Türbalken ein, und
als ein einstürzender errichtet freilich,
geschlichtet, verpflichtet, dreht euch
nicht um.

Tümpel, ach, Tümpel, ach Rand, Schilf
-wimpel, -wimpern: Der, wie er blickt,
er verstehts.

Teich

Auf dem Rand steigt Aufsteigen auf,
sieh dich vor vor (vor vor) «Auswüchsen»
(sieh sieh)!

– Der Himmel ist keine Veste, wie sollte
ich menschliches Tier das annehmen denn,
als Vorfahrenreden, meine Vorfahren

hätten, – ihr Gattungsentwurf, aus Worten, Deuten
gemacht, aus Begriffen Jahrtausende alt – angenommen,
gesagt, der widerstandslose Raum

(der um die sichtbaren, denkbaren Körper
gesehene Raum, ringsum usw.)
sei fest, sei firm!

– Sieh, sieh, aus dem Rand steigt Aufsteigen auf.
Ohne Beispiel in der Natur geebneter
Verfolgung.

Erschüttert, schüttert. Schütter.
Unangemessen. – Soviel steht fest. Darwider
gestoßen? Darwider, wider.
Anstoß genommen.

Putscht. Etwas putscht. Explosiv fast,
aber gerichtet.

Das Weiche, atmende Weiche, auf und ab atmende
Weiche. Schüttert nun. Beinahe fremd.
Babel, Scheidung.

Unvermögen.
Unvermögen erheblich. Erheblicht sich.
Ungestüm, zeichnet sich ab, ein
Dünkel.

Wie denn? Wie denn? Wie kann das sein:
Ich stehe nicht errichtet, bin kein Ding & erschütterlich,
nicht um-, nicht unum-stößlich. Seele. Kein Haus etwa, nicht

unumstößlich erscheinendes
Haus … Oder einzelne Wand.

Volumen, Volumen putscht, quadert –
ein Dunkel.

Bon

Immerhin, es gibt ja auch Engel. Ziegen, Schafe.
Ein Engel ist die verkörperte Güte. Huld?
Güte ist die Luftlinie.

Die Luftlinie küßt Krume, Blume & Stein.
Streichelt die Hindernisse. Überengelt
Bitumen, Bärenzwinger, Beton.

Ein Engel ist die Strenge.
Die Güte der Strenge ist die heile Strenge. Leistung.
Ein abschreckend undurchsichtiges Wort. Ein Engel ist.

Fußlos Gehen.
Leist: Fußspur, german. *laistian:* folgen.
Die Wurzel *lis:* gehen (auch in: Lehre, List, Lernen).

Es ist fraglich, was du bist, wenn du kein Engel bist.
Jeder weiß das.

Ein kleines rotes Auto durchfährt die Strecke
vom Flugplatz Tegel bis zur Schwedenstraße.

Ein Schmalreh stelzt äsend vom Czorneboh herab
bis auf die Felder bei Wuischke.

Ich folge einem Gedanken und sehe das Reh.
Die Wege und Züge, die das Reh zieht, erzeugen es.

Wege, Züge habe ich vor. Ich weiß nicht,
wie ein Reh dahinzieht im Wald.

Das Auto fällt mir willkürlich ein,
denn die Permanenz der Naturbilder ärgert mich.

Eine lebende Bewegung kann das Auto nicht zeichnen.
Auch im Auto verlöre ich Zeit.

Umwege

Nur deshalb; Umstand. Umstandswort. Belang.
Als stieße die fortgestoßene Kugel irrend
– was hat sie? – mal rechts, mal links an.

Jetzt ist die Kraft verbraucht.
Über den Schluß wächst das Gras.
Des Vergessens. Niemand Sieht Hin.
Gut versteckt.

Man macht eine Rechnung auf. So geht das.
Da ist ein Erschrecken kein Wunder.
Im Wald um die Ecke. Lücke.

Lücke

Dieselbe sei, die aufwachte, wo die,
die einschlief, schlief, meint sie,
die drei Minuten …

Diese aber ist nicht ähnlich, fühlbar,
ist wie gar nicht.

Daß sie dieselbe ist, weiß sich allein.
Wußte sich, so weiß es sich,
auch ohne sie.

Es ist nicht ahnbar, liegt nicht in der Luft.
Dies, die Ähnliche – sie ist ätherisch selbst,

Äther selbst ist sie demnach
und mehr als gleichzeitig ätherisch-ähnlich,
weil ein Leib.

Diese aber wird sich wohl erinnern,
bald auch nicht vermissen.

(i)

Jenseits kann man nicht sein, ein stumpfer Damm.
Der man selbst ist.

(Stumpfer Damm – das einzige, was man fühlt.
Was also sein kann.)

Siehe den einsamen Baum. Unweit. Den Baum.
Wie er herblickt. Du blickst ihn her. Nun ja.

In der Einsamkeit.

(ii)

Nichts als Leib. Prächtig.
Nicht niederträchtig. Dafür Leib.

Ausgebreitetes ei!
Schneiderei. Aufschneiderei dem armen und stummen

Land, Erde mit Erde gedämmt, erstickt, gedickt:

Allein und verlassen: Leib.
Wie beim Verblassen: Bleib!

Wien am andern Morgen, 9^{30}

Ich gehe nun, betäubt zwar, ansehn mir
die Anbetungen, Äußerungen, hohe Überzeugung,
an den Wiener Wegen, jene

mehr als Mond & Sterne bei dem Nacht- & Stadtlicht
gestern weißen geisternden Gebäude; selbst: betäubt,
das ists, das Herz ist abgesunken,

der Körper noch bewegt sich, Golem,
bald auch schon von ferne seh ich sie, zudem noch eben
eine unsichtbare Gänseblümchenwiese

seh ich her sich wieder holen
trotz des Winters, Mangels, Golems,
Mangel-Golems.

Diese von irgendwem, von nicht mir, genähte Bluse,
die ich hier – Seidenbluse, schwarz – die Löchlein suchend
im Gehen zuknöpfe über dem Bauch,

damit er es nicht kalt hat & sich erholt,
der es zu fühlen gibt, daß er vor einer Stunde
den Durchfall hatte eindeutig,

die schwarze kleine,
unter einem Deckstreifen zu knöpfende,
zueinander suchend Löchlein und Knöpfchen,

Bluse ist ja,
weil nicht von mir genäht, so nicht meine,
wie meins ist, was ich tue mit ihr.

Wie fremd, wie fern und wie gesonderter Präsenz,
so kloß-&-bauchrund abgesondert jenes an ihr Nähen scheint!
Jedoch wie sonderlich vergleichbar der Figur hier,

in der man nach den ersten Schritten draußen
die Winterkälte hocken spürt als den Erweis
leibhafter Winterkälte.

Fünf Minuten U-Bahn

«Nauener Platz» Rosenkohl zeitgemäß Wirsing
wie er steht unter Schnee Schneehauben
Turmbau gewitzt Dachreiter verschmitzt

«Amrumer Straße» Kino Kino Klinik
Zaunreihen vor nichts als
Gestrüpp

«Westhafen» Treideln, Kahnkinne, truthahnhalsdick,
zurückbleiben. «Zurückbleiben!»

«Birkenstraße» Herrgottshimmel Blaubeeren Blau-
beuren Die schöne Lau – Geheimnisse feine
ein Wille Silber im Brunnen Dächer bereift

Der Boden brennt. Gut.
Die Straße ist fest, gedeckt.
Ihre Decke, die Brei war, gehärtet.
Man hat sich mit ihr einen Gefallen getan.
Und nicht gefallen wollen.

Deutlich aber Bäume in Gold und Silber,
deutlich sie, beide, Gold mal, mal Silber,
besonders das Silber so unleugbar
Silber wie unglaublich

(es war keine Rede von ihm).
Seltene Sonne, silberne Samen, Schoten;
goldene Zweige;

Schotter; er brennt nicht. Doch.
Masse. Übergossen, Bitumen.

Winterrasen, feuchte fruchtbare Gegend
(feucht, also fruchtbar), Sand.

KULTUR (1)

Tage mit jüdischen Wangenlöckchen. Tempellehmglätte,
neben dem Tor. Chagalls Dorfstraße, Stedtl-Dorfstraße,
bewohnt von Meinung, Dach, Schornstein, Gestern.
Rockschößen, in Einzahl, Milchkannen? Hähnen?

Was lenkt meinen Sinn zu dem Marmeladenglas hin,
im Mondlicht steht es, gediegene Marmelade gestockt rot
in einem soliden Glas auf gediegenem alten Holz & Tisch
in verlassener Küche.

Kultur (ii)

Die Meldung geneigte Ähre mit Grannenschopf.
Von oben gesehen.

Kleinstmeldung, scharf eingezeichnet & ihrer ist
Billion.

Scharf & summend lückenlos durchgezeichneter /
verzeichneter Bestand. Insgesamt.

Und von ihm, dem Bestand,
einzelne im Sommer darauf. Mit Disteln. Am Feldrand.

Ich habe ein Maß ihretwegen.

Labilität

Ich scheine zu schreiben: es regnet,
aber im Sandboden fließt es schnell ab.
Es ist halbzehn.

Ursachen Vergewaltigung.
Ursachen vergewaltigen. Verleumden.

Man scheint für gut zu halten, wenn nichts geschieht.
Harmonisierung schließt an einer Stelle mit null ab,
sie passiert diese Stelle, die Null.

Dies ist ein Ausgleich. Sie ist ein Vorgang.
Alles ist verbunden. Ursachen verbinden.

Eine Zaunlatte ist erhoben, mir gegenüber,
gerade passend für meinen Kopf.
Th. K.s nahender Tod.

Drohung Zaunlatte herausgebrochene Aus freien Stücken
Drohung aus Erbitterung / Erschöpfung: Fluche.
Spucke Insektenschaum in das Gras-Gehalm.

Gras-Halm-an-Halm, das heißt Existenz,
dir gegenüber behauptet.

Die Beschwerde ergeht zu Recht!
Da hilft nichts, wie du siehst.

Luft, je feuchter sie ist, desto leiblicher auch,
gesprächiger, mit sich identischer scheint sie.
Als sei Wasser ihre wahre Natur.

Ensemble

(I)

Fort mit den Trümmern,
und was Neues hingebaut

Entzieht sich meiner Kenntnis.
Die leere Tüte gebrannte Mandeln.
Elektromast, also befestigte Gegend.

Leitungen. Versorgte Vorstadt. Ziegelrotes Gebäude.
Sowieso-Werk. Zubehör. Stummelschwanzhund.
Schlurfende Rentnerin.

Dreiviertel der Stadt sind Vorstadt.
Eine leere Tüte kam unter die Augen.

Was wolln Sie?
Im Winter Maßlieben?
Dann suchen Sie mal.

Keiner plagt sich gerne, doch wir wissen:
Grau ist's immer, wenn ein Morgen naht.

(II)

Ja, das Ersterben, ehe man – Hand anlegt,
die Hand anlegt, die Hand legt, umstreift mit dem Blick,
den Blick lenkt zu – dem Griff, des Beils, des Korbs,
zum Stein, dem oder Besenstiel,

das stets noch nicht genug zur Welt gekommen sein,
die stets man noch zum Hungern zwingt,

zum oder Besenstiel,
Stein, Korbgriff, Beil
und Holzscheit.

Eine Sonnenblumengruppe, deren Stand –
gibt Gesichter schräg von einem Menschen-Stand
Gesichter schräg

von Malerhand emporgehoben
einer himmlischen Erscheinung wegen schräg empor

Blätter jedoch Stengel Grün die Blätter hängen
Grün von Blättern hängend diese breiten gutlang grünen
unten spitzen schönlang spitzen grüne Spitzen

Blätter Herzen aus den Stengeln Herzen länglich
rund um Stengel hängend hohe grüne Stengel eine Gruppe
Grün von Blättern und von Stengeln

Sonnenblumen Gruppe nicht von Menschen
Diese sinds die blicken, diese nur, die schräg gehobenen
Gesichter heben Kinne blicken innig

himmelwärts die flachen Teller Scheiben in den dichten
gelben Kreisen dichten lebhaft gelben Heiligenscheinen

Sonnenblumen aber neigen
bodenzu die schweren Scheiben

Rückblick

Dorfweg. Milchholen. Groschen. Ich?
Und Zöpfe. Leugne nicht.

Ein Versuch, ich zu sein mit Geld.
Frage ich nach der Rede, erscheint das Kind;
es sagt: Nein.

Es spricht nicht, geht die Rede von Geld.

Es wird vielleicht korrumpiert,
fängt sie mit Sonne und Blumen an.

Als die Ziege auf der Wiese an seiner geblümten
Schürze fraß, damals das – gefiel ihm.

Ich komme nicht von diesem zu jenem,
nicht ich komme, ein Drittes ist es,

ich habe ein Drittes, sie Verbindendes,
zu erfinden, erlauern, entdecken,

ein aus dem Herzen des einen die Haut des anderen
Anrührendes,

ein von der Schulter eines einen in das Herz eines anderen
Rutschendes, in die Leben eines anderen Geratendes,

ein Irgendetwas, Ortloses, Gemeinsames, zwischen beiden
Ernanntes

zu erfinden, erlauern, entdecken, wie sonst?
Ein Reisig, das über der Grube zusammenbricht,

Sturz & immer obenauf.
Und es ist eben dies kein Sarkasmus.

Abraum

Verfehlt. Um Haaresbreite.

Die abgesunkenen Ansätze aber sind selbst.
Sind ja auch. Sind aber selbst ohnedies.
Überschwemmt oder unüberschwemmt:

Feinmütig präzis sind sie. Parat,
einzurasten. Selbstlos mit dem Selbst.
Feindifferenziert ohnehin.

Wie sollte er das kennen / wissen / können?

Er denn können? Konnte er nicht. Lang, langhin,
langsam. Langsam seiner Wege. Träge. Ziehn.
Nur langsam, langhin. So dahin.

Wie urzeitlich. Strömend. Warm, träg.
Warm wie kältestarr. Warm und schwer.
Warm wie starr vor Kälte.

Als wandere Fensterlicht – sie ist vernehmlich,
rührt man an sie; war denn Schatten?

So hält sie sich (?), als wäre sie nur;
wäre sie nichts als daß sie ist.

Nein, als sei sie. Als sei sie nur.
& sei sie nichts als daß sie ist.

Auf das *Wäre* hätte ein Aber zu folgen.
«Wäre» ist abwegig, «sei» hält.

Kein Spiel der Fenster indessen.
Fenster indessen sind weniger wirklich.

Himmelslicht, wie es wechselt mit Wolken, Sonnenstand;
war sie nicht vernehmlich, so hat nicht sie sich geändert.

Man sieht, sie reagiert wieder,
sieht man nur hin, rührt sie nur an.

In den Winter

Auf einer Pferdekoppel im Nebel, sich entfernend,
in dichteren Nebel,

in einer Ebene, erschienen
die lila-weißen Pferdehintern, die Rundungen;

der Nebel selbst
wie noch nie – als wolle er, ziele ins Dichte,

mit dem gestohlenen Rund der Rundungen
sich entfernend,

mit den «verschluckten», sagt man,
den Rücken zukehrend,

auch vorn dort nichts, das entgegenkommt.

Keinerlei Quere
oder gar jemals Umkehr und Rückkehr.

Geendeter Herbst.

Winkel der Maus. Gottweißwarum.
Etwas Schnee auf den Haselnußstecken.

Eispünktchen um ihre Poren / Pickel.
Darunter schwarze Erde.

Schwarze Erde mein Ort, überdacht – Haus! –
aber alles andere ist:

von Licht zerstochertes Dickicht,
ziehende Himmelsweite, grau.

Nimm Grau, nimm Blau, was verschlägts.
Konnte so auch ein Stuhl entstehn oder ist

der Stuhl aus dem – hinausgestellt?
(Medium, das ich bin!)

Hinausgestellt.
Aus der Sphäre hinausgestellt.

Glattgezogener Sitz, Frieden des Sitzes,
wie das Nichts über dem Unter- & Oberholzwirrsal,

die zusammenstehn
dem bötchenförmigen Schädel der Maus.

Unseres von aussen

Gestade heißt es: Sieh es vom Meer aus. Felsige Ufer.
Ändere den Ablauf nicht – sonst ist Raum eingeräumt.

(Sofort Pflanzen, wie man dann auch sieht. Sekundär sieht.
Eppich.)

Gesichter zu Felsen gestirnt, alles Stirn,
gedacht mit der kleinen Schale / Wölbung, diesem Schutz.

So ist es. Fang einen Bären. Mit Honig. Zum Tanzen.

Hafen-Mond. Matrosen. Seeleute sind Leute, Leute see-
tüchtig, ihr Eichen, Erlen und Auen.

Embryonal –

gottgeboren auf einen Bauernhof winterkalt
& wie der Stall riecht & sich anschaut draußen
der im Angergras verfangene, getaute & geeiste
Schnee.

Licht im Gezweig, Schornstein rauh Rauch,

geboren wie *jedes Kalb*, nahm die Vernunft an, die
Nimmer-Mensch-Sichten, & also: die alte / Gebärmutter- /
Haut nie loslassen, um sich halten, / Regen- /
Umhang,

& eigener Apostel,

Viel-Zeller-Stadien, & aber läuft, tritt großschrittig
neben dir, segnend.

Wie sie auch immer aussieht, die K., es ist das Set,
welches schreibt, Mädchenblüte,

das von den Sohlen die Figur empor innen durchsetzende,
das Wohnzimmer-, gar Küchen- , gar Hausgarten-Set,
vergiß die Veranda nicht, es gibt keine Flucht,

umschließender Waldrand, Fuchs, Dachs & Eichelhäher,
schade! Ja, sagt das Foto im Lexikon.

Zum Beispiel

Die eine Kachel war knallgrün. Das ließ sich nicht ändern.
Sie war es, ist es, so ist es. Wenn sie noch ist.

Daran läßt sich nichts ändern. Eingesetzt sitzt sie fest.
Unzureichend gebilligt. Wirkt an erträglich vorbei.

Es bedarf einer Zutat, einer gewissen Dosis von Absehn,
Vorbeisehn an ihr, im Wissen, da sitzt sie.

Dessen bedurfte es wohl. Spürbarer Duldung, sozusagen,
bei aber nicht verminderter Aufmerksamkeit.

Ein Knall ist ein Phänomen. Denke: Knall.

Das dominante Motiv

Kante Am Haus Man sagt Ecke: Nein die
Mauerkante sie blickt

beidseitig seitwärts:
sich porträtierende Flächen Zu Seiten leer
gezogene. Flächen:

gleich: alsbald: ich
sterbe; sterbe, Anemonen!

Ihr vielen, vielen, zwischen Herbstlaubblatträndern,
aus dem Waldboden kalt, lenzlich weiße
Blässe fein

Feines im
Vereisen Herbstlaub Kalter Himmel
Dicke Jacke Mauerkante Du

umhergetragener Adernstrauch Adernbuschsproß eine
weiße Nußfrucht Fruchtnuß (wieder Same) … Und

die Knochen Schön geschwungenen Knochen
Schwingend in Gelenken leichthin,

leichthin
Lächeln Schornstein noch Gebäude

* * *

So fest wie die Wolke,

die dunkle, niederhängend
wie schwer:

keine Gewähr –

kein Verlaß, nichts kann ich schützen,
niemanden trösten,

sollte ich,
sie sterben, leiden, verreisen,
sollte ich

die Katze vergessen,
die Zeichnung.

Schauerballaden

Das 19. Jahrhundert ängstigte sich, denn es ging in die
von ihnen, den aufrichtigen Industriellen, fleißigen
Ihr-Leben-Fristern,

gelichtete, nämlich leergeraubte üblichgewesene,
in der freien Natur natürliche *Dichte an Definitionen*,
Konvenienzschlüssen

aus Bereichen, so komplex, daß sie die Weite darstellen,
und es ward finster.

Moll, und dann Schluss

Daß es traurig anrührt. Ein Wort wie Selbstbewußtsein.
Trauriges erinnert. Blicken verloren. Hin, über Fluren.
Betrübnis;

ein trauriges Weißbrot, angeschnittenes trauriges Weißbrot,
im Kasten, aus dem Kasten genommen. Das ist wohl wahr.
(Zu Recht projiziert.)

(Zurückgeschickt. In den Angriff.):
Etwas nur wie ein Weißbrot, das ist es.
Zeichne so. Wie «gezeichnet». Nämlich absurd.

Denn was schlechthin ist, kann nicht traurig sein schlicht.
So geht es zu. Selbst Traurigkeit kann nicht traurig sein.
Das bedarf keiner Zustimmung.

Die Beschaffenheit

Das wartende Auto. Die gekalkte Wand.
Gekalkte Mauer. Wartendes Auto. Schau.

Um die Ecke wartendes (artendes, nicht ausartendes)

Auto. Behauptung. Standhaft vermieden.
(Behauptung standhaft vermieden.)

Sie lassen sich einpacken, kopieren und umpacken: Viren.

An Nierentischen ungetrübt: Nieren – 50er Jahre.
Zweibeiner der Jahrzehnte.

70 Jahr ein Greis. Streichen. Keller-Inneres. Stille
Anwesenheit. Wahre den Anstand.

(Ablauf abstinent gegen Zusammenhangslust.)

unter der Dusche (Haarwäsche) gesehn:

Zaundraht, er läuft in den Pfahl.
Küken, Gänseblümchen. Unter dem Draht
war das Gras frisch und rein. Unter dem Draht
fraß die Ziege deshalb die Erde kahl. Kükenfüßchen.
Ein einsames Gänseblümchen.

Es sind hier Vokabeln samt Zeile.
Weder Abend noch Morgen jemals in Sicht.
Theater-, folglich, -himmel. Ein abgemachter Raum.
Bühnenraum, passend beliebigem Schauer. Zuschauer.

Da hast du es, nun wechsle aus.
Guckkasten. Und kein Abend noch Morgen mehr.

Illusion

Die – – ? Aus! Nicht weiter. Stop-Schock-Block.
Nein! – Es könnte etwas – jetzt gleich! – erscheinen!
Begegnen. Schreck, Schreckschock!

Wovon die Greisinnenlippen mümmeln,
erzählen die Großmütter Märchen.
Jahrhunderte! Oma am Ofen.

Wovon die Greisinnenlippen dünn sind.
Die welken, dürren – wie Spreuspelze – Lippen.
Aus Hexenhütten. Der singende Türstock Stimme.

Wie aus Vergangenem schwankend,
in dichtem tiefen Walddunkel aufscheinend
schütter das Tremolo.

Seelengefüge.

– *Die* – eine weibliche Einzahl? – ein grausiger Plural?
Unholdin Panik? Siegende Unzahl? Und ein

unüberschreitbarer Abgrund zwischen den beiden;
nicht schrecklich. Die Leere selbst.

Ich bin beunruhigt, es spricht, es richtet sich, es flieht,
bewegt sich rasch, das Aufzunehmende, das Aufgenommene,
im Grund, verstaut, es nimmt viel auf und eilt,
so Traum für Traum, am Tage auch,
nicht achtend Tag und Nacht.

Ist eine Eile. Hastet. In diesem Spiegel kenne sie,
die Seele!

Nachkriegsspiegel, so erscheint der Krieg auch,
steht als See.

Zum Schlafen geh ich vors Haus

Unter das Vordach ist eine Bank gedacht.
Wie der Regen pitscht in den Wasserfilm
gehe ich zusehen unten.

Und das Reisig tropft Welches Reisig tropft
Das Reisig tropft einer Traumreise Traum
zu schlafen ein auf der offenen Bank.

Im Windgriff die Zeit trocken / erbsengrün /
Prasseln Gesprenkel Korpuskeln
Vorjahrs-Sommersprossen.

Das Frühjahr kommt

Ich erschieße die Festung
(anscheinend Pfeil und Bogen).
Die Kuckucksuhr neckt das Kloster.

Stoß vor die Stirn, ja möge
der Wasserfall rauschen,
die Föhre, Föhre

ihm lauschen. Grauwacke heißt der Bergstein.
Immer und ewig glänzen die gelben kühlen

die kinderfingerkuppenkleinen Schälchen
der Bach-Dotterblumen, gelassener Bach-Grund.

Anlage

Sie hat gekostet und gekostet, Plan, Streit, Mühe
mit Hinz & Kunz, Hinz & Kunz, Klüngel & Klärung, diese

vom Bahnhof zum, Ufer zum, Markt zum
Kombinat schöne,

blanke schöne,
feste und blanke
Tramschiene nun.

Da die Natur, welche niemals ein Haarbreit
von dem Pfade der Wahrheit abweicht,

nicht den geringsten Widerspruch,
der ein beständiger Hauptfeind der Wahrheit ist,

*leidet …**

Besteck, Instrumentarium, Geordnetheit –
sonst schnurrt kein Rädchen, Maschinchen, Gretchen.

Und darunter der Aufruhr, Lear, Hamlet, Othello,
so lese ich ja, finde nicht mich, lese ich die Natur,

Untergang, Aufschwung, Wirren, metzeln komplett die
Rivalen, Schrecken verbreiten, 5 Minuten Kaiser in Rom,

gekonnt-ist-gekonnt die Herrschaft ergreifen,
christlich die Meere befahren, unterjochen die Völker

wie auf dem Meer obenauf …

Eßbesteck, Chirurgenbesteck, Instrumentenset,
dir Zubehör, Seele.

Diese Geschicklichkeit der Werkzeuge,
ihre Verrichtungen abzuwarten,

und des Vermögens zu ihrem Gebrauch,
welches sie bei der Betreibung des Lebens

eines Menschen haben, machen
*die wesentliche Vollkommenheit eines Menschen aus.**

Ja und Nein wie Bräutigam und Braut.
Den Engeln anvertraut.

* Christian Wolff (1679 – 1754: «Grundsätze des Natur- und Völkerrechts […]. Auf Verlangen aus dem Lateinischen ins Teutsche übersetzt.» Vorrede. (Prosa).

Parabel

Beruhige dich, das Verfahren wird niedergeschlagen.
Ja, ja, beruhige dich. Die Bäume stehen noch.
Die Fassaden auch. Stehen noch.

Wie schnell ist etwas verflogen.

Erst kommt es in Gang und ja dann erst her!

Läßt sich ein Krähenschwarm nieder,
auf der Krone, dem Rasen, nimm in dir an
deinen winzigen Anteil Freude der Ankunft.

Ordne

Ein Schenkel und Hinterteil. Usw. sind viele davon,
zumal unter dünner Hülle schließlich, Auge! Viel läuft,

an gemeinsamen Merkmalen erkennbar,
im Hirn bereits von stationären Konstanten aus,

das ist es ja, nämlich Zeit, und zwar obendrein auch noch
absolute, für sich genommen, nicht wahr!

Der Kaninchenstall befindet sich daneben, nicht innen,

was man dir auch sage. [...] *Wirbelwind*
und trockenen Kot / laß sie drehn und stäuben.

Und also fröhlich-fromme Wamsknöpferei bis zum Halse,

oder das Embryo Bakchos im Schenkel seines Erzeugers
oder Zeus selbst im Stier.

Sie geht langsam mit einem Hund.
Sie geht langsam, gezogen vom Hund,
Parkwege, hohe Bäume, Schnee;
Singakademie.

Man geht langsam, gezogen vom Hund.
Über den Vormittag zieht sie.

Unten. Es steht die
Singakademie, ein gelbes Haus.

Es schneit.

Heimkehr

(i) Bleib auf dem Teppich

Die Fantasie «heim», des Wortes «heim»,
sage / schreibe das Wort «heim»:

Sofortiges Abkippen aus «heute» zu platterdings «nimmer»

Umwölkte, gewölkte Stirn – & der Wirbel «verirrt sein»,
seine fast erfundenen Geltungsbereiche:
Labyrinthe so klein wie fast erfunden,

jeweils stellenweise ja doch nur, sonst total
ringsum nichts

(ii) Erörterte Kränkung

Ja, freilich, verirrt sein –: ein Ort im Nichts.
Wie man wenigstens fortmöchte: Vorgelände,
Nichtlandschaft zwischen Flughafen und Stadt (Bus).

Dort verirrt sein, gewänne sich – Ort! Eine
rein quantitative Qualität.

Wielange / solange
unerwünscht: Es möge enden, –
und nichts. Stiefel muß sterben.

Eines Tages, eines Tages, Jünglings
Locken

Minne meint den Leib – Die zarten
glatten Muskeln

scheinen
Der in die Tür tritt

eines Tages – ist
der Tag – Hinab

bis zu den Schuhen schmalen
Leibs

Bis hin zum Abend, er:
wird sein, der sei –

Wieviele Wunder, Süße,
bis sein Bild

die Greisin selbst ist –

Spürn im Leib das Blut
singend wenden, […]

Glut, / die rote Lieb,
erhaschen mit den Händen

Kursiv: aus einem Gedicht Alexander Bloks vom Juni 1909.

Ermessen

Der Himmel ist, obwohl es kalt ist, blau,
und das Balkongitter, von hier nicht zu sehen,
wirft einen scharfen Schatten

auf die lebhaft besonnten ziegelroten,
mit Vogelfutter von einem Fenster her oben
und mit etwas Reisig vom Wind

überstreuten Fliesen. Unstreitig wirkten
die Krümel und geraden und krummen Striche
aus der Hand eines Altmeisters

erhebend, und durchaus jung,
denn das Sichtbare wäre
schon wiedergegeben!

Der Wunsch

Jemand spricht, und ich denke 9 und 100, blicke
auf seine Stirn, rechts diese Wendung zum Schläfenbein,

neunhundert, neunhundertfach Segen, Segen, Güte
auf jemandes Schläfenbein, denn er spricht:

«Was wird aus uns, Herr Obersturmführer, bleiben wir hier
oder tötet man uns oder Todesmarsch?»

«Sie kommen nach Mauthausen, da ist Gebirge, Sonne.»
«Wir erfuhren aber: Steinbruch.»

Direkt aus den Augen
900fach auf das Schläfenbein überstürzt –

hinter dem Zaun, der Dicke,
trägt eine Platte unter dem Arm
vorgebeugt in sein Haus.

Seine Nase hält ihren Rücken gerade.

Das ist keine Szene, die leeren Fenster
sind leere Fenster. Holunderbusch.

Mond eines fernen ländlichen Hofs.
Ein Pferderücken ist eine Sinuskurve,
das Ich eine Schwingung.

Korrektur

Im oberen Rückgrat durchgestrichen, das ist ein
Kreuz. Die Liebe ist erwiesen & nur sie noch.

Mit Luft erzeugt der Vogel hinter über mir
die Frühlingstöne. Denke so gepfiffen und geschliffen

die große Kugel Luft des inneren Humboldthains, auch rund
von Kinderstimmchen vormittags, Karfreitag.

Melancholie

Das lange schattige Flußufer – wie in der Nacht,
und seitlich kein Mond – das heimliche spricht nicht.
Abseits. Abraum. Vergessen.

Ein die Toten Vergessen.

Es lebt aber, lang, lang, schattig,
verschlossen unter dem Eigensinn, heimlich
ein stetiges Strömen, tonlos.

Schalte das Tageslicht an. Heiße es Eiszeit sein.
Eisfluß schwarz. Nichts Menschliches noch auch Gras.
In gleißendem Licht.

Gelöscht ist die Nacht
des – ohne Blut – Vampirs.

Sicht

Noch ist nichts besser,
es bleibt unleidlich.

Blindlings auf See. Selber die –
im Möwenstreichen – Galionsfigur.

Das wisse gleich.

Der Mantelsaum ist immer noch wahr.
Man geht, und der Saum wirft sich in die Länge.
Fällt zurück, & wieder. So ist er wahr. Solange jemand
mit fliegenden Schößen geht.

Der schöne aufrechte Gang, lange, der lange Gang.
Der schöne sich in die Länge werfende Mantelsaum.
Die Kinnlade. Die Kinnlade auch, die Nase, der lebhafte
Blick. Da schreitet wer. Der Saum wirft und faltet sich.

ARMES DING,

armes, ja allseits ist, was aus Nichts führt,
begleitet, geleitet vom Wissen, von Gerät, Prozessen:
und nicht einholen, beikommen kann es,

armes Ding, armes, dem ab-
geholfen werden sollte, über die Hindernisse,
zu leichterem Gang, minderer Gottlosigkeit,

von den Diensten überwuchert ist es, auch ab-
gefressen ist es & wird es, mutiert wohl,
unter dem Höhenflug.

* * *

Niere, die Nierenform, der Nierentisch, ja seiner Zeit,
und wässern Nierchen, nicht lungern, hungern.
Nicht entbehren: ehren. Gesundes

Schwammgewebe, kau, kau Kiefer!
Nierchen letzten Samstag. Legt ein Schiff an im Hafen.
(So Hafen Hafen wie Niere Niere).

Haben Bohnenform wie die Bohne: hat Nierenform.
(↔)

Der konkave Teil (Hilus)
blickt zur Wirbelsäule.

In den Nierenhilus münden die
→ Nierengefäße, im Nierenhilus beginnt das
→ Nierenbecken.

Die Rechts- und Links-Natur
von Säugeengeln und Säugetieren:
Ein Etwas heißt so, heißt etwa: Niere, hält die
→ Symmetrie.

Das erste ungerufene Wort. Das Tischlerhandwerk.
Das erste begegnende Wort ist: Tischlerhandwerk.

Ein Wort persönlich. Unmittelbar.
Nicht vertreten von einem Ding.

Ein Wort persönlich demnach wäre einsam.
Den anderen entrissen ist ein Wort für sich.

Das Tischlerhandwerk. Ungefragt dahinter die:
Sargtischlerei. Nur zum Beispiel.

Zum Beispiel: Gebaut ist gebaut.
Sarg oder Tisch und Stuhl.

So geh

Nimm an, du träfst dich, schon verloren.
Im Gefilde.

Tagblasser Mond.
Die du zur Welt, sie einzurichten, kamst.

Veruntreut.
Im Gefild, im leeren, triffst du dich?

Novemberlicht.
Die Blässe blutet nicht.

Gehorsam

Sumpfland auf Stein, im Gebirge; am Weg,
so daß es ins Auge fällt; gedorrt in der Mittagshitze,
an den Rändern noch feucht, auf angetrocknetem Wrasen

ein Brett – gebieterisch ein von der Dürre helles,
beinah silbriges Grau, Fasern eilends, erstorben,

eines Bildes gewiß mit dem Himmelblau;
auch mit einem fahlen Himmel und dem kahlen
Kammweg neben ihm dort.

Lebewesen, also? Menschen, also? Lebewesen
haben das gebaut, unförmig, klobig,

in dem Vogelzwitschern
(Zwitschern hie und da leicht nachdenklich)

die eine Ecke mit dem plumpen runden Erker, so gottlos
stumpf,

daß auch die andere dunkelgraue
stumpft, als wölbe sie sich willkürlich,

und Abscheu zog den Blick an, weckte Abscheu,
überkam den zufälligen Blick;

das hilflose, das Opfer,
gnadenlos

abstoßend ebenso die Senkrechten der Fenster,
mehrgliedrigen drei Fenster unter dem Dach. Das da

erbauten Lebewesen, starben und begegnen
Lebewesen so posthum, begegnen dir,

sie bauten, ließen bauen es
und ragen.

Akkuratesse

Neben der Ziege, dem Schaf
die Zicklein zwei, Lämmchen zwei.

Die verteilte Herde liegt auf dem weiten
Grün unter dunstiger Helle.

Die klarlinig runde Nackendelle,
der aus ihr gestiegene Kopf, geradeaus gehalten,

die Mutter, Mutter und so zweimal die kleinen Beiden,
das sichere Blicken geradeaus,

so jung wiederholte Sicherheit sorglich!
Gesehn aus dem Zug hoch oben in jemandes Norden.

Proportionen

Ohnehin bombastisch, multipliziere. Unmaß. So
geboren. Hochwohl.

Mit Pferde-Dämonen stärken; verrenkend.
Zerreißend den lieben Blick, der den Horizont streichelt.

Das heile Wasser Ozean. Überschwemmung, Flut.
Gelöst aus dem heilen vertrauenerweckenden Eis.

Das ich-denke-dein. Ein die Fernen verwaltendes
Arrangement, ununterbrochen verlangenslang.

Man konnte es absehn, am tickenden Uhrrund,
hatte man Sinn für

Maße.

Ausgelegt, monopoly, Gespreiz, die
Häuserwangen erröten im Abendschein,
nichts beschert das platte Gras, Gras in Platten,
ausgelegt. Schließe die Augen, Katze,

Untier. Zuerst der Versuch, das An-, das Auslegen,
Ihr Zug geht 17^{13}, im Abendschein. Aber dann das ab-
gekochte, im Schnellkochtopf, Huhn, ab-

gefallenes, -fallendes, -rutschendes, leicht
sich lösendes Fleisch: (mein achtloses Kochen)
Knochen bleich

gespreizt, still in sich ruhend, mündend in Ruh
nach lebenslangem Geruder etc., ein wenig behängt
mit geäderter Zwiebel, die schmale Rippe
hat ein Möhrenstückchen noch drüber …

Ein Tanz erörtert

Das Werkzeug, zur Hantierung,
Mittel, Instrument, Gerät

zur Ausführung, Verrichtung, Meisterung, Erledigung,
zur Behebung, Behandlung einer Störung, Not,
zur Hilfe, Erleichterung und

Willkür, Ausübung

auf das Objekt, den Gegenstand,
ein Subjekt,

zum Objekt machen, dingen
mit dem Dritten, Mittel,

zur Unterwerfung,
daß es sich fügt, das Vorgefundene, Angetroffene

hinter sich bringen, vergangene
Zeit machen künftighin,

ungeachtet seiner nunmehr und so weiter, und so auch
Wege, Schienen, Straßen, Luftlinien im Rücken,
zur Rückkehr mit Gewinn,

zur Erhaltung, zum Wert, rückkehrlos
zum Verlust & nimmer,

das Werkzeug ist
ein Teil System, wie auch wir
vergeben unsern Schuldigern.

Geh nicht,

du brichst dir die Beine,
es führt keine Brücke von Wort zu Wort,
brichst dir den Knöchel im Hörnicht,

nicht her zu dir, bleib stehen,
blickt jemandes anderen Wort,

in das ja der andere auch stirnt, seine Augensterne, die
Lebensgeister, die freundlichen, hinein in die Sichten.

Bleib lieber stehn,
es kommt nicht sein A auf dein C,
du siehst nur den Rücken (ein anderes Thema ...)

Am Rande

Freier Platz, nein Raum, selbst gegebener,
sie geben ihn selbst, die Quader,

aber recht ohne weiteres, sowie nicht eben pompös:
Luft, Springbrunnenfrühling,

Sonnensamstag, die Leute ein Gleiten,
ein vielfaches, einzeln – das ist Laune.

Niemand ohne die Laune. Vögel, die am Morgen
gleiten, Laune: leer ist der Platz, ein Hohlraum Stadt.

Konfliktlose Quader. Das Hellblau.

Ich fahre vorbei, ein Einziger!

Giebel blicken, sieh: Giebel, als ob sie blicken!
Winkel sieh: unter dem Himmel.
In sich gekehrte Gesichter.

Es blickt, der aufgeweckt ist. Wohlgemut.
Als blicke er. Überblicke.
Reine Erfindung.

Nur adjektiv. Adjektiv wohlgemut.
Nichts sonst ist. Aber er.
Ein einziger!

Schreck an Schreck, gesichtslos, meine
Hölle, Profit-Slums, nicht einmal Hölle,
nur endlos. –

Ein rascher wacher, unter heller Stirn, ein einziger
Augenblick. Ich nehme alle zurück, ein einziger
Giebel, blickte.

Angst

Leugne nicht.
Froschteich. Schilf-Zier. Hang.
Übersprechen.

Entdecke, decke auf, belichte.
Es gingen Schienen. Die Zukunft.

Decke nicht zu. Übersprich nicht. Sprich nicht.

Stoppbild, am Zaun
Vergißmeinnicht, Löwenzahn noch, entlang
ein Rand.

Hat sie ein Angesicht an?
Laterne am Kleefeld?

Biene der fahrende Blick
Kiefern und Kiefern im Rücken im Rücken
schnürende Füchse Mond

Grabenlauf-Laufgraben abermals Raps
Lugen

nach Sternen Die Mütze Schlaf
das schwarze Schaf Ein Hirte Hirte
ein Oberstand

Zeit wie Heu

Es hatte vordem gefallen

Die Hufe in der Hufspur schwelen,
etwas riecht angebrannt, zieht herauf,
schwelt in die Nase über dem Roß,
brandig neben dem Gras,

ich will nicht – bis wer weiß wohin – weiter
diesen Gang verfolgen, es war zu oft,
oft in oft wiederholt, schwelt.
Wechseln.

Nach vierzig Jahren

die Linsen scharf stellen, installierte Aufmerksamkeit.

In Aktion: die, während sie gehn, von hinten sichtbaren
Hufeisen zweier Ackergäule

(des Typs mit dem silbrig-lila-dünn-behaarten Hinterteil).

Soviel an Subjekt, mehr nicht an Subjekt
in der Sicht der Aufnahme.

Das Auf und Ab allerdings aller acht Hufe, Hufeisen
(in dem von der Natur geregelten Wechsel)

über geraume Zeit.

* * *

Unehrlichstes! nämlich vorsätzliches! Aufstöbern!
dieser unter der ehrlichen Haut arglos
angesammelten Individuation

Statt spontan, statt hineinzugeraten,
zu geraten an Mahnmale, Quellen –
Manipulation!

(Den, welchen? Wasserhahn aufdrehn, sein Griffhalt
an den drei Fingern, wenn auch unter
freilich ragender Wand usw.!

seines / meines Gehäuses …) – «Suchen Sie Gold?
Es liegt dort unter dem Baum»,

sagte einer der von zwei Windhunden umlaufenen
türkischen Jünglinge, die an mir vorbeikamen, als
ich ging unter den Bäumen und las.

Aber ehrlich die Parkbank seitlich, die leer stand
mit meinem Rad.

Teilhaft

(i)
Die Pflanze, nun wird sie – halslos
halsstarrig – aufkommen wieder

wo es angeht in den Weiten um dieses Bett
oder – zentraler – die Stelle darin,
an der es mein Kreuz trägt.

Denke ich an sie, hat mein Denken an sie
sie schon zu der meinen gemacht mit ihrer Möglichkeit,
mir ein Bild zu sein oder keins,

und unauflöslich teilhaft bin ich,
austauschlich dann wie gebunden,
nichts anderes als ihr und mein Leib selbst,

und ich bin es, die stirbt jeden Herbst
& sich zu wiederholen beginnt ein halbes Jahr später.

(ii)
Ein alter Handel, dessen Wert zu sein scheint,
daß man sein Alter leugnet, nämlich
immer aufs neue ihn tätigt,

unbestreitbar neu und fremd & fremd und neu
ist die grüne Haut (und die Blüte sendet),

unleugbar fremd die Haut, wäre nicht schon *unfraglich*
neu diese Existenz, ohne die wir nicht existierten,
die Tierlichen –

ein Kleid vielleicht, Anzugstuch oder auch Löwenfell,
jedoch niemals uns selbst sehn wir vergleichbar

einleuchten, allenfalls,
aber in härterem Wechsel, näherem, rascherem Effekt
(fast erschreckend), an uns das Haar.

Sie schreibt. Schreibt.
Etwas hat sie gequält. Aber nicht so,
daß der Wind kommen kann
an es.

Geheimer Wind. Unter den Augen.
So schaut sie.

Wie der Kaninchenstall schaut, seine Fächer.
Die dorischen Säulen, plus Tympanon,
schaun. Unten Heu.

Schreibt aber Flieder.
Im Gang der Wolken.

Flieder im Gang der Wolken.

Kleine ziehende Wölkchen.
Zusammengekehrt ziehn sie ab.
Ach der Wipfel des Birnbaums tatzt.
Dies ist ein

gesehenes Miteinander.
Sie wußte die Hausecke auch.
Die Hausecke wußte sich selbst.

Die Hausecke wußte exakt, was sie selbst
ungefragt darstellt.

Zwei Plaudertaschen auf dem Bahnhof

Die eine:

Das Rad der Geschichte zurückdrehn.
Entschieden. Noch einmal! Und nicht!

Irreparabel, Fehlstart.
Gehabt haben. Schaden. Irreparabel.

Entschieden. Noch einmal! Und nicht!
Zurückdrehn. Irreparabel.

Die andere:

Täublinge und Margeriten.
Hübsche Zünder. Auf der Halde.
Asche. Schlacke. Aschenhalde.
Halde und Halde, Teich.

Froschteich, Seerosen, Frührot,
Eherner Reiter.

Eherner Reiter – Puschkins Wort für das von Falconet in Petersburg 1782 errichtete Reiterstandbild Peters des Großen.

Das Nuß-Innere ist wohlverwahrt
ein Nuß-Inneres. Wohlverwahrt
über Jahr & Tag.

Einen Sommer lang zusammengesogen.
Hereingesogen. Und wie wohlweislich
verwahrt.

Als sei es, das Innere, erfahren gemeistert,
erfährst du die Ingredienzien
fein von der Zunge,

die Mitteilung
wurzelnder Standhalter, Laubhalter usf.

Ein zahmer Konjunktiv

Die Straßenbahn kommt nicht Hält nicht Schließt die Tür
bevor du das Trittbrett erreichst.

Etwas ist kompliziert, nicht unkompliziert.
Wäre es unkompliziert, könntest du … Das Herz

eine Katze auf dem Sprung Ereignislos
steht der Erlenstamm von oben bis unten.

Eine Straßenbahn kommt nicht
Das sollte nicht sein

Allerhand Logiken
Mit dem Rücken zu dir Mit Messer und Gabel vor sich

Gelegentlich miaut etwas Klappert
Ohr du und Gegend.

Satz für Satz

Die Winde schneien die Fassaden nieder.
Der fahle Mond bescheint die Löwengrube.
Das Letternspiel aus Wolken wandert ungleich.
Ich kenne keinen, der ihm nicht entstammt.
Laß allen Mut zurück bei deinen Toten.
Der Zaun steht gerade im ergrünten Land.
Das Winter-Ende sendet weißen Flieder.

der Hirsch mit dem Beil in der Schulter. Zieht davon,
sieh; künftig getroffen mit einem Beil in der Schulter,

zieht, in den Norden davon, zum künftigen Mai
und ungetroffen nie mehr, infolge der Einbildung.

Dachrinnen reihen sich, Weg. Dann Kirchturm auch,
Stadtmauerturm, unds schaut ein alt Weiblein heraus,

Vergißmeinnicht, kein Mond mehr, die Hirschkinnladen,
Lexikonbild, der Ausdruck Genügsamkeit. Gram.

Noch einmal das befremdliche Beil (Bestätigung)

So trägt er seine Blessur, Hirsch; seine fremde
Kinnlade, respektabeler Leib. Laub, Gezweig, Lebensweg,

unter dem Hirschhaupt der Brustkasten. Hufe.
Das blankgewesene Beil. Flog. Das ist alles.

Leben vor dem Beil. Kein Leben ohne Beil mehr.
Eine Lücke in der Firmament-Kuppel.

Das Reh trug davon die Lücke der linken
Schulter unter dem Waldrand.
Wo hing sie künftig? Im blauen
*Gips …**

*Selbstzitat, 1982, Kastanienallee, S. 68.

Subjekt

Es bleibt länger hell, drei Wochen noch,
dann nimmt die helle Zeit ab.

Dies hat der Morgen im Kopf,
wie sollte das Tier das nicht wissen!

Das Gewirk verwebt sich selbst.
Sanft, doch beständig, besteht es darauf.

Tier, Tier, dahinter die Tür
zufällt.

Nicht-Geheuer / Nicht-Geheures (durch das)
Reise durch das: Nicht-Geheure

Reise durch das nicht-geheure
von der Kopf-Hand Land, wie Schattenland

& zewāre nimmt das Leben ja ab –
Vorderhand Land / Bären im Dickicht

Im Dickicht diese parallel dem fahrenden,
dem bereits geisternden

Ohr – Durchreiche in den Kopf / den Geist
Durchreiche in den Geist,

zu dem verwaltenden Geist, verwaltenden
Geist, dem Reisebegleiter …

Bären im Dickicht, anfallende
Ahnung, Angst

im Nachtzug Reise im Schlaf
Schlafanzug Ahnung Lok

Angst der waagerechten Fahrt
die erläßt, entläßt,

in das Liegen entläßt
parallel zur Zeit durch den Schlaf

Eine Zeit durch den Schlaf
& nimmt ab

Der Vogel oben

Das stört ihn nicht. Der Bussard zieht Kreise.
Der Bussard ist wieder da. Als sei er gekommen,
zieht er prüfende Kreise. Exakt.

Ich folge ihm mit den Augen.
Ich kann ruhig aufstehn, es stört ihn nicht.
Ich könnte ein Ochse sein. Unten. Das stört ihn nicht.

Ununterbrochen, bis er verschwindet. Nicht mehr
zu sehn ist. Immerfort aber kreisend sucht er die Maus
in diesem weiten Raum, über gemähter Wiese.

Der Reiz war: Ich könnte ein Ochse sein, es stört ihn nicht.
Unten Ochse – steht, oben: «nicht» – fliegt, kreist.
Nun empfinde ich einen Gruß.

Reise nach München, Lesung

Teste:
Packen Postsack Paus
Pia frommen Fron

Leib und Meinung Ton
Kastanien regnichtes Wetter
etwas pfeift Wellen

heim leuchten Kastanien Zwielicht
Muffathalle Das weiße kurze Hemd
Herrenhemd trägt er als Weste

Abschied wir wissen nicht viel
wieder im Abseits
Außenluft

* * *

Es wollte ja sprossen keimte
Aber die Stockwerke Etagen
Das Geschehen ist

stumm Fach für Fach
Vorüber zogen darüber ihm
in das Vorüber Wolken

Ach auf den Rücken der Pferde
preschen und Jahreszeiten sie
preschen und Wolken dahin

Nichts feststellen!

Da kam das strohgelbe Gelb wie Stroh Geld wie Heu
und der Hahn krähte, das Huhn aber sagte:

Krähe nicht, lieber Mann laß uns doch in das Feld gehen,
Abendbrot essen

Und als nun die Sonne nicht mehr zu sehen
und das Huhn satt war, keine Story! stopp!

Stoppelstroh! Szenenwechsel!
Daheim die Kratzfüße schliefen!

Mehr als nichts

Es gleicht dem Sammeln:
das nun, nun das – erledigt.
Sammeln wie Pilze, Beeren, Ähren.
Der Weisheit Schluß. Genuß.

Geh deiner Wege. Bleib gesund.
Der hohle runde Himmel. Die Pappel,
nun noch ein Drittel der Strecke.
Die Fantasie Heim

am Ende geistert
zeitlos, die Pusteblume.

Leitmotiv Leiter

Aber denk doch nicht «lachende Maske»,
ei, Täßchen und Täßchen, fein (Meißner) –
Sinnaufbau, trägt herbei, trägt auf.

Getrunkene Täßchen, gestandener Mann.
Würdenhalber.

Holzleiter in den Scheunenspeicher,
gockelnde bunte Güter zu Füßen,
das mag wohl so sein,

Uhrkette, Weste. Der Bub. Junkerland, jetzt –
schleicht sich der Fuchs weg.

Am Schuh auf der Leiter hält die Sohle,
mit etwas Hühnermist anklebend ihn,
einen Strohhalm eindeutig.

Zu unseren Füßen und Felsen
geht die Sonne auf und unter. Unter Graublau.
Ruhender Stein. Geschlossen Erstarrt Erstarrt Erkaltet.

War das Feuer? Phaetons Sonnenwagen.
Dort sind wir eigenartig Eigensinnig Eintagsfliegen
Anfang und Ende im Sinn zwischen Sinn-Anfang-&-Ende

Sinn der mit winzigen Köpfchen fliegt.
Wie er sich spiegelt.
Stehn Engel?

ALTE MÜHLE

Ein Tag ist länger als ein Jahr, mischt man die Zeiten.
Die Niederschriftenzeiten, die der Wahrnehmung,
die Zeit dessen, was eintraf – nämlich: wo?

Nein, tritt nicht auf die Herbstzeitlosenwiese, diese
vor dem Waldrand, vor dem Winter, letzten Blütenkelche.
Nicht auf ihre Wiese, hin zu ihnen tritt nicht.

Und nicht aus dem Rahmen dieser Tür da unten,
Haus, Gehäuse, 1741, Feldstein, Fachwerk,

nämlich wie die Kreuzung Kleie-Müller / Dr. phil.
vor die Tür tritt, anordnenden Sinns die Brauen runzelt

und den Blick furcht; wie die Zeit verschrumpelt.

Aufnahme

Der Hof bei euch war hohl.
Man ging auf Bohlen.

Und unten ging das Mühlrad.

Hatten zu dreschen unsere Zeit.

Die schlanken gelben,
vornehm gelben schmalen,
leibliche! die Halme,

hineingeschlungen in die Waagerechten
der Daimler-Benz,

knickten, ihre Mienen
rissen

längs auch in den Augen,
Halme, Halme, was wir sahen,

unsere Augen hatten
Einschlingen und Knicken
Risse gelb schmal leibhaft

Halme-
Haft in unserer Zeit,
die Dauer,

Jahr um Jahr dieselbe
Dauer, unsere Augen

spiegeln sie noch immer
in dem Blaßblau: sieh sie!

Der Hof bei euch war hohl.
Man ging auf Bohlen.

* * *

Umgang doppelt Halbmond Abend Hausend
Teppich Schlaflos. Rettich Kette Leise Ring Grün Kloben
Heftig Kuß Bau Balken Logik Schein Holz Hobel
Herd Kehrt Zehrt Vergrabend Tausend

Wiese vor Wald Acker vor Wald
Korn Mais Rüben Kartoffel vor Wald
Steinhaufen Brombeergerank ruhiger Kopf
Für sich Gerank über Steine

Die Straße allein bergauf

Kontaktspiel

Die Taube, die beringte,
in der Luft, unter der Himmelskuppe,
sitzt, als wisse sie selbst, aber nicht sie weiß,
die Nummer weiß, Nummer im Ring und jener,
Vogelloslasser. Zur Belustigung. Steigt auf die Leiter,
mistet aus; gibt zu fressen, holt Futter, beringt.

«Wenn du müde bist, Paul, leg dich hin» –
ländlicher Witz in W., Kleinbauernwitz, Rackerei.

Reisesegen

Ich sehe noch die Schulter. Wegbiegung.
In das Dahinter. In die
Welt hinaus.

Unverzeihlich. Schulter. Schultern. Weine nicht.
Lindenblatt. Achillesverse. Sterblich.

Feigenblatt am Feigenbaum.
So laß ihn ziehn. Mit Segen –

was will er hier. Im Kreis des Horizonts.
Unverdaulich. Unbekömmlich. Gegessen wird.
Topf. Tropf.

Armer Tropf. Zieht aus. Pursch.
Gesicht. Gesicht.

Die unterhaltendste Fläche auf der Erde
*für uns ist die vom menschlichen Gesicht.**

Der Gedanke war:
Ich sehe noch die Schulter. Das Gesicht
hilft ihm weiter …

*Georg Christoph Lichtenberg. Sudelbücher, F 87.

Kegel Entsetzen Kugel
Interesse Schnitt Kegel
Flucht Kugel

Verlocken Schnitt Würfel
Gefallen Stocken Lächeln
Fläche Flächen

Dieselben Lächeln Quader
Begreifen Kegel Nein Kreis
ja Spitze

Irreal Katze
Famos Moos Irritierend
Erfinden Antreffen

Erfinden Finde Erschrecken
Identität Hart von
Begriff

Obsession

Iwán im offenen Fenster sitzt mit der
Ziehharmonika – Sonntagnachmittag.

Ich sehe ihn, ich kenne es, daß ich ihn sehe.
Das Bild kehrt wieder. Symbol-Requisit.

Innen die leere Zimmerwand.
Bursche. Kosakenhemd. Mai.

Raben. Nase. Meinung. Krähen.
Nichts erlöst ihn. Mich.

Was wäre zu raten? Laß ihn
fortgehn z.B.? Nein:

Unter den Sternen tanzt er im Stadtpark
auf dem kreisrunden Holzpodest. Komsomol.

Geglaubtes (nicht sehr geglaubtes) Vergnügen.
Der Igel hat keine Taschen.

Ich gehe mich vergnügen
komme mich vergnügen
komme mich

Hasen hasen, Biber bibern, Kinder
kindern, Waisenhaus, Vergnügen
vergnügen,

Geister geistern, Meister meistern,
Beine beinen unter den Schößen, Mäntel
mänteln

& Schirme schirmen, Ziegen
ziegen, nur unsichtbar wie Sichten
sichten;

Suppen suppen, Summen
summen, stimmt, was auch
immer

ist, setzt sich fort.

Interieur

Altvorderen Sofa Tischkante (oval) (Plüschsofa, rot)
Punkt Försterbart Degenknauf Gesättigter Blick Punkt
Wetterhart Zugezählt (Schar) Treuebruch Punkt
Muskulös Geschwungener

Forstrandstand Schwarz Schweiget
Punkt Graben hacken Die Herde Punkt Vestibül
Der Altvordere in Öl Punkt Verirrte
Uniformknöpfe

Warnung

Die Welt ist voller Angelhaken. Volkslied & im Chor. Die Welt ist voller Volksgesänge. Das Tal ist leerer Hirschgeweihe. Ich träume Knarren Karren. Sonniger Morgen, träume Karren knarren.

Hinterm Hause das Gefild ein nackter Brustkorb. Auf und nieder atmend. Rippen

kein Bein ab, muß es heißen, wenn es kalt ist
wie die Herdplatte am Morgen nach der Hochzeit

Es zaudert hier Zu Recht Es stockt
Das kennt kein Tier (auch anderes nicht)

Das Heiligenbild Marias Stirn Das Lächeln oben
nach dem langen Weg durch rohe Nachahmung

von Bild zu Bild «Sie malen mit dem Holzschuh»
– Lächeln, wie es Rest ist

Konflikt

Kam mit erhobener Zaunlatte auf mich zu.

Schreckensstier. Stierhaupt.
Stierhauptstirnlocken. Gescheitelte Stirnlocken.
Nitfastahn. Blut. Stirnader. Rotsehn.

Eine Wucht. Hat gesiegt. Latte schräg.
Schwarzer mächtiger Stier. («Wir wollen nicht streiten!»)
Tänzelt davon. Zufrieden hüpfende Hufe.

Nun iß vom Baum der Erkenntnis.

Warnung II

Rauf runter kraxeln keuchen zäh im Irrtum Kurz
vor dem Gewitter sich befinden sich nicht finden

Was die Kammer spricht Ist der Jammer nicht

Serien Ketten Rette dich dies ist
dein Leib kein Zeitvertreib

Zins

Leise, zart gefiedertes Blatt, was geschieht, die klare
Brille – Aberweisung, aber werde ich je wieder – ?
Abgewiesen. Schädeldecken unten. Über-

wiesen irgendeines Eingangs, Hölle, untere Welt,
nicht ohne die von unten komme ich herauf bei einem
Anfang, kann auch heißen: Sie kommt auf.

Unaufhörlich

Treppauf Treppab Und verlängert man sie:
Steige Berge.

Geduld. Der Garkoch. Er. Kein anderer.
Entelechie.

Die Senke da oben, Bergsattel, das Bergpferd
will nicht zurück.

Rike, Medea, Trompete, Grasland,
säubern die eiternden Hufe.

Kuppen und Weizen. Bestreiten. Haus Halt.
In sich gekehrt. Niemanden ehrt.

Ehrliche Kante: Verwandte:
Furnier. Rapier. Ausfallschritt.

Vergittertes Auge, metallenes Gitter, grau.
Wer sieht, ist blind, blinder Gehorsam.

Verletze das Reinheitsgebot.
Vernetze kühl ohne Not.

Engnis. Bedrängnis.
Nähte gesteppt.

(Text enthält einige Reize
zwischen den hopeless Partikeln).

Zu Gast

Resi Kinn Mund gesticktes Miederoval Mundlippen-
Kräglein Eßzimmerreinheit Servietten Terrine Auftun

Wie stumm verharrend wie Dienstbotenseelen
das außen gerundete, innen gekantete Tischbeinholz
Still dem Blick entgegen Stets Sämtlichen Blicken, sie
sammelnd Auf dem Dielenverbund

Nach innen in den Schatten des Tischs
Nach außen zur Lichtflut des Mahls

Vorwurf

Nachkrieg ja Nachkrieg Das
Nachkriegs-Gewerbe Und Kunstgewerbe, das
Kunstgewerbe, bestickte

Tischdeckchen Der Faden das Tuch die Nadel
Die Traudel nein Gertrud nein Haarkamm Haarkamm –
Lockenkamm neben dem Ami-Auto – Hilde Heide

Das Stopfei
das Nadelkissen das
Selbst Gemalte Brettspiel

Gertrud hießen sie nicht die ältere Gertrud
porträtierten sie Waren nur Nachkrieg ja porträtierten
in Stickereien gesichtslos Gertruden Ihr

Kunstgewerbe (das ich nirgends verkenne) fiel vor mein
göttliches Forschen Ich ging ja mit im Alter von 7 bis 11
das Brettchen mit dem Nadelkissen mein erster Kauf

Eben das Forschen konnten sie sich erlassen
Eben im Nachkrieg – Entschuldigungsgründe!

Morgenritt auf einem Esel.
Nein. Der Wanderer. Feste Schuhe.

Gebirge. Fester-Schuh-Tritt.
Mit Waren. Im Rucksack. Im Sinn.
Zu den Milch- und Wolldörfern hang-ab,
Mehldörfern unten.

Existenz.
Das Angehabte gleicht als Wort einem Marterl.

Ich schaue mich flüchtig um.
Die Geister der Einwohner nicken.

Schweißrand der Mütze.

Erbarmen

Nistend viel Mißmut in den Behältern, Gesichtern,
sinnlose Produktion, es wurde gepriesen, weil es
Fürsten gab usf. Obrigkeit: so wurde gepriesen.

Die Buchstaben sind verbindlich. Wie Kettenglieder.
Morgenlicht spricht nicht. Spiegelnde
Dielen, Ehepaare auf ihnen … Viel

Mißmut in den Gesichtern, fortgesetzt, eins in das andere,
draußen. Gesehen vom Fahrrad her. Eine einzige,
im Gesicht Dickere, lachte, aber grob –

wie eine Maske, geschunden vom Wetter.

Die Mitschrift

Blindlings Vogelkehle.
Kein Kiwitt stimmt.

Blindlings in den Wortablauf,
aber ich zwitschere nicht.

Stumm. Okkupiert.
Die freie Natur.

*

Die Mitschrift ist eine Partitur.
Die Partitur ist stumm.

Sie ist nicht frei.
Sie ist eine Okkupation.

Sie ist sie.
Es ist nichts außen, nichts übrig.

Sie hat freilich zu obwalten, obenauf
sich zu halten.

Viel weniger Halt in sich hat der Wald
samt Hirsch samt erschossen!

Die Orgie Bildung.
Freie Natur.

Der Bienenkorb – das Ding wie auch der Begriff – verdichtet die Bienen, den Schwarm, räumlich, lichtlos, die den Farben folgenden, im Licht, oder dem Duft (dem Duft im Dunkeln auch?).
Der seelische Leib bleibt unfaßlich. Bleibt er für sich? Er hat keine Wahl als Formeln zu folgen! Wählt er?
Hilfst du dir von den Erregungen, entsteht aus den Reden / Gedanken / Logiken vielleicht (wenn sie nicht unschlüssig bleiben, wenn sie schlüssig werden) ein anderer Leib, in dessen Symbol sich der erstere stillt.

Istvan*

Die Eisenbahn, Lok, Eisenbahn, eine von früher
(das instruktive Bild ihrer unbeirrten Zielstrebigkeit
nicht schon verschluckt von dem Fischmaul-Design)

in der Tal-Aue, Niederung, ihrem unbesiedelten Teil,
Leere, Himmel. Rechts & links Hang & Flur,
feuchtes Grün, wie man meint,

daß es sei, daß es das Seine sei dort, Grün, Grün,
bleibt es bei sich: atmosphärisch feucht –

kommunizierend feucht – kommunizierend
der Blick von irgendwo oben –

sie hat ihn überfahren, die zielstrebige
unten. Man hat nichts gesehen.
Nun ist er nicht mehr.

*(† 13.10.05)

Trauer

Zweie gehn Hand in Hand über die Straße,
Sonntag noch, Nachmittag. Kehren wieder,
Bordstein, Hauswand. Laub ist
gefallen, im Felde gefallen,

im Felde gefallen ist mancher,
Oktober 16. Wo war das? Wer? Feldgrau.
Kein Sonntag mehr, die Woche. Der Woche.

In den Rachen wirf Stunden. Des Suchens, Tod ist
das Wort nicht für das. Scharrens Laub. Alt und grau.

Hand in Hand über die Straße.
Schräg dahinten gehn zwei.

Profil

ist, was übrigbleibt. Zurück. Blickt nicht.
Perdu. Galionsfigur. Fischfrau. Und's Bäuchlein.
In die Woge zurück, die Gischt, Spur.

Tiefer Friede. Im Licht. Sie sieht nicht, sie ist.
Sieht nicht sich, ist sie. Schiffswand, Bug,
hochfahrend, schneidig, Profil.

Wie hält sie Ausschau? Jetzt muß sie ausschaun.
Es tut nicht weh. Die Holzfarben leuchten.

Des Munds Energie.
Krümmt. Viel Form. Gewesener
Puls.

Nun kalte Stiefel. Nun auswärts. Freundlich bleiben.
Laubfall. Acker zum Winter. Wacker. Auswärts, nachts.

Schlafstadt Korpus
Wie Kahl Stadt Korpus Als sei es verlassen Nachts Also
verlassen ausschauendes Korpus. Nur noch das
ist was gebaut worden ist.

Stiefel. Auswärts. Freundlich bleiben.
Acker zum Winter.

Begebenheit

Verdutzt. Ich bin verdutzt.
Ich hätte die Kraft nicht, dem Reiz zu folgen.

Weiße & bläuliche Streifen, die zu sackig-plumper Kugel
sich belaufen. Weißliche konvex anrollende, auch gelbe
Striche. Dies ist

Abweisen. Dich. Etwa schulterhoch, besser zaunhoch.
Wie vorsätzlich, wie Pop-Art zeigend sich. Ich hatte mich
verlesen, gelesen: Ich will Gefühle,

dann diesen Hebel betätigt, da kam lauter Ungut:
Groll, eiterndes Ärgergezeter, Neid, Hadern wegen
des Versäumens, Mißlingens. Verdutzt: nahm ich es wahr.

Das weiß-und-bläulich-porös Anrollende
war gar nicht gräßlich. Die Begegnung nicht
ihrerseits reizlos.

Unwandelbar

Reg dich nicht auf. Bereift. Es ist ganz unnütz
Himmelblau ein Volkslied. Wohlgeratener

Wechselbalg. Wohllautender Wohllaut. Wolke,
schiebt sich vor die Sicht, die ohnehin …

Bereift. Man hilft dir nicht. Es ist ganz unnütz.
Klüftereich. Links bis zum Strand hinunter dicht

der Lorbeerhain. Sieh ein, du bleibst allein. Es wäre
in den Sand gesetzt Erregung wie Notar.

An Kathrin im Dezember

Denke an Dich, gäbe Dir gern
direkt von den Plätzchen über den Zaun in Papier –

es regnet ab Vormittag schon –,
während die Krähen-Flüge sich schneiden, nein?

Nur weil der Himmel grau ist – um uns das Jahr
stünde am Rande der Existenz.

Es hatte die fülligen Pfingstrosen wieder,
die viel-, vielblättrigen. Dies ist im Herzen Ertrinken.

Fetzen Regen, wehende Schlieren allein in dem leeren Tag.
Wir am Zaun wären: ein Ja hier, eines dort, so objektiviert.

Schöne schlanke Mäntel und Ärmel, und Erbeben wegen
eines strauchigen Strauchs, als ein Seitenblick auf ihn fällt.

Ich werde dann anlegen, Feuer entfachen.
Flackern wird es im Herd. Jetzt
bin ich alt genug.

Flackern, die andern Naturfahnen grüßen,
dieses sanfteste Hellblau, wenn es tagt, wie es
hervortritt. Steht.

War ein Stern je gelb? Was ist gelb?
Ich erschaffe die Welt nicht. Wie jeden Morgen:
schichte ich auf, fache Feuer an.

Und im Hause klar die Treppenstufen aus Holz.
Oder außen, vollends außen, die Treppe aus Stein,
mit dem Tageslicht kühl ein Paar.

für Elfi

6.1.06: Drei Könige. Der Baum musste hinaus

Von außen hineingesehn, elfisch
hineingegangen, darin

am besten wohl mit dem eben erst erwachten
Schlaf-Ich (Schutznatur)

gelesen. Immer ein feines

Drahtnetz,
fein, aber hüllend,
um sie innen – elektrische
Abwehr: – nicht deins! geh!

Summend.
Beißende Anzüge,
von hinten, sie beißen
mit dem unteren Jackenrand etwa.

(Krieg Kindheit Einquartierung).

Ein- und derselbe Text (obwohl viel derart).
Die immer gleichen Bewegungen. Und Regungen wecken
zu immer den gleichen Bewegungen.

Zum Frühling sagen: «der Frühling», zur Luft «Luft».
Den Stein, den Schutzstein (er schützt die Mauerecke)
bewundern am Tor. Den schädelförmigen ohne Mund.

Wie der Hirsch an den Hufen friert.
Eiskantenkenntnis, ewiges Moos, Einmaleins,
gegeigtes Diluvium. Steinhart, eiskalt –

Zur Absicht, nein, hätte ich nicht getaugt.

Kiesel,

Kies. Aber die Hütte erhebt sich, Türpfosten.
Die Wasserwaage ist der Wasserlauf unten.

Nein, nein, kein Milchreis. Aber die Deckenbalken.
Liebe & Liebe, gezimmert. Vor der Dämmerung.

Wie die Erle steht, oder? Scheune zum Heu.

Angepflanzt, abgepflanzt,

ach! wie denn aufstehn zum Tag, was ist da der Tag,
habe ich jetzt – arglose 7^{30}!! – den welken Stern

vor dem seelischen Auge unten, den Restschopf
einer vermutlich nicht einmal gepflanzten

Pflanze, schilfige Blätter entkräftet nach allen Seiten.
Januar. Erregend nur noch

allenfalls ein in ein Beige untertauchendes,
entkommendes! unendlich! sich verlierendes

Braun aus dem Herbst. Und Schluß.

Die Gegenvorstellung:
Hühner, im Stall auf der Stange,
samt dem Geruch vom Stallboden,

die Hühner sollen ins Freie: Aber
– die ohnehin nicht hier sind – läßt man sie
nach draußen bei Kältegraden?

Öffnen

Eine Stadt kann Sonne haben und das Tor
Sie steht zu sich, die Stadt,

wie ich mir lieg im Bett (es ist noch Nacht)

Kann Sonne dann bekommen einem Tor gleich
Ein Gleiten ohne Hinderung Gesicht

Das Dach Gesicht der gelbe Putz
Gesicht wie lang vergessen wie ein Putz

ausblickt, und neuer Efeu, der den Giebel zuwächst,
Giebels Sonne, Tor, bevor

ein Zeitvergehn hereinkommt Eine kleine Weile.

Leichtsinn

Laufen – irgendwohin, wie es als Nichts
sich ergibt.

Absender Nichts, denn nun: los, Ankunft Nichts:
denn sonst war es.

Die Spur geradeaus, mein Hündchen, Kopf Augen Maul.
Waagerecht wegparallel.

Es ist trotz allem der Morgen:
erneut.

Seine Pfoten-Kußspur im Boden.

für Friederike

Am Tisch

Sie sitzt mir gegenüber. Lodern!
Lebt. Noch die Waldfront,
Felix. Murmure, Tier!

Lichtfluten, Fluten. Mir gegenüber.
Lodert. Rot. Zu Gelb. Zu Gilb. Zur
Stoppelflut.

Auf, ab, Erde am Schuh,
Tastenlauf unter der Hand.
Frühling Kuckuck Ginster Ruß.

Mir gegenüber, eine Stunde lang,
flammenlang. Schneller werden, ich muß
noch schneller werden,

die Sturzwelle, Fisch,
durchpfeilen. Fisch du schulternlos,
kalt wie das Element.

Mühelos gesteigert

Es wird gleich dreifach Abend, es wird gleich
siebenfach Morgen, es wird gleich einundzwanzig
teile durch vierundachtzig,

die Bäume stehen schräg, die Häuser ziegelrosa,
Meereswogen äugen wie die jungen Farne.

Abendmienen, da es läutet,
Morgenhände unser Grüngelb:
auserlesene Mahlzeit.

einiges auseinanderzuhalten,
Kompaktes, auseinanderzubringen, daß es
Blicke bekomme, zueinander. Licht falle.

In das ineinander Verhängte, weißes,
Wand-Licht, das erste des Tags, nüchtern, jenes,
mit dem man zu *sich* kommt.

Zu lösen es, auseinanderzubringen,
zum Erblicken des Blinden, Verpackten:
von Teil zu Teil seines Tags.

Im Hof

Alles, was nicht Zaun ist, ist ja freilich Einbruch,
freilich nicht recht sicher, und nicht Klaviatur.

Wüstenherr, was ich erlenke auf dem Dromedar,
Sven Hedin, die Lichtschutzbrillenfernen.

Mich nicht sehend gehend auf dem Gehweg
eine schwarze Katze quert den Hof. Ich hörte sagen:

Blech an Blech gestellt es scheppert aufgeklärte Welt.
Milchkutscher Milchkannen im Dorfe. Weiße Katzenpfoten.

Rasch wechselnde Revuen memorierbar bilden Lettern.
Große Himmelswüsten, aneinanderfügen. Sven Hedin.

* * *

Die Nur-Uhr darunter, Takt von Punkt zu Punkt
pigmentiert Motive, obsessive Pulse,
Einstiche reaktiv.

Eine stumm summende Unterhaut.

Tattoos (wie im Dunkelblau Sterne).
Zeitleib. Es läuft, besteht nicht,
glimmt, summt.

* * *

Soll es denn etwa ewig so gehen,
stets derselbe Typ von Erörterung?

Laß deine glatte weißbraune Giraffe
in ihrer hochstieligen Schläue tun

das andere welt-ermessende Auge auf,
zu nicht-ihrer Seite des Zauns hin

und zu dem fremden Gras,
wo sie bis jetzt nicht fraß,

in ihrem Speichelfluß ein Schäumen
auf der Lippe mit der Luft erzeugend

beim Kauen des Heus –
ihren Preis für das Wolkenweiß.

Ein junger Amerikaner, schmal, sensibel, G.I.
(nach den Kriegen, großen Kriegen. Ausdehnungen dieses Krieges,

nach den großen sich leerenden Dimensionen)
(Stiefel, freilich, unterwegs Stiefel, neben einem stehend, Pause, Wiese).

Aber hier für sich sein, Mansarde Einfamilienhaus Ausland,
und die Dose aufziehn, löffeln die süße Kondensmilch, schmökernd.

Die blassen Fensterle-Kreuze, Kieshof, Kastanienblüte.
Wegen der Blütenkaskaden ein hoher Grad Anwesenheit der gezimmerten Meinung.

In der Dose unten ausgefällt Kalk, kleinkörnig.
Zarter Abschluß des Zeitteils.

Inhalt

Die Autorin dankt der Stiftung Preussische Seehandlung Berlin für die Unterstützung ihrer Arbeit.

Elke Erb
Sonanz
5-Minuten-Notate

Dieses Buch erschien zuerst im Januar 2008
als Band 65 der Sammlung Urs Engeler Editor.
Diese Ausgabe als Band 001 in der Reihe der Blacklist
im Verlag von Urs Engeler im Oktober 2019
entspricht bis auf ein paar Änderungen der zweiten,
verbesserten Auflage vom August 2008.
Die typographische Einrichtung aus der Janson
und die Umschlaggestaltung besorgte Marcel Schmid,
den Satz Urs Engeler.

ISBN 978-3-906050-50-8

http://www.engeler.de